天下为公

齐鲁文化与中国社会理想

任者春 著

齐鲁文化与当代中国丛书

本丛书被评为「山东省理论大众化出版工程重点项目」

山东人民出版社·济南
国家一级出版社 全国百佳图书出版单位

图书在版编目（CIP）数据

天下为公：齐鲁文化与中国社会理想/任者春著.--济南：山东人民出版社，2017.12
（齐鲁文化与当代中国丛书）
ISBN 978-7-209-10716-7

Ⅰ.①天… Ⅱ.①任… Ⅲ.①文化史-山东 Ⅳ.①K295.2

中国版本图书馆CIP数据核字(2017)第141138号

天下为公
——齐鲁文化与中国社会理想
任者春 著

主管部门 山东出版传媒股份有限公司
出版发行 山东人民出版社
社 址 济南市英雄山路165号
邮 编 250002
电 话 总编室（0531）82098914
市场部（0531）82098027
网 址 http://www.sd-book.com.cn
印 装 山东华立印务有限公司
经 销 新华书店

规 格 16开（169mm×239mm）
印 张 13.5
字 数 150千字
版 次 2017年12月第1版
印 次 2017年12月第1次
印 数 1-1600
ISBN 978-7-209-10716-7
定 价 30.00元
如有印装质量问题，请与出版社总编室联系调换。

总序

增强文化自信，弘扬中华优秀传统文化，实现优秀传统文化创造性转化与创新性发展，业已成为时代的最强音。习近平总书记在党的十九大报告中强调：“深入挖掘中华优秀传统文化蕴含的思想观念、人文精神、道德规范，结合时代要求继承创新，让中华文化展现出永久魅力和时代风采。”何为“优秀”传统文化？弘扬传统文化的内容是什么？习近平总书记提出的“四个讲清楚”，即“讲清楚每个国家和民族的历史传统、文化积淀、基本国情不同，其发展道路必然有着自己的特色；讲清楚中华文化积淀着中华民族最深沉的精神追求，是中华民族生生不息、发展壮大的丰厚滋养；讲清楚中华优秀传统文化是中华民族的突出优势，是我们最深厚的文化软实力；讲清楚中国特色社会主义植根于中华文化沃土、反映中国人民意愿、适应中国和时代发展进步要求，有着深厚历史渊源和广泛现实基础”，蕴含着丰富的理论内容，其中，就对待传统文化的态度而言，体现为四个原则，即植根历史根脉，挖掘当代价值，培育国际视野，立足人类高度。

植根历史根脉，是正确对待传统文化的基础与前提。中国传统文化中有重史的传统。传说中，仓颉就是黄帝的史官。《吕氏春秋·先识览》载：“夏太史令终古，出其图法，执而泣之。夏桀迷惑，暴乱愈甚，太史令终古乃奔如商。”从甲骨卜辞看，3000多年前的商朝便有了专门的史官，自秦代以降就有了“左史记事，右史记言”的说法。中国的史传类文字构成了中国文献的主要组成部分，《四库全书》中，经、子、集三部实际上也有大量“史”的内容。中国史书、史料之多，世界上无出其右者。以史为鉴，由史可知兴替。正如葛剑雄在《中国古代为什么有重视历史的传统》一文中所说：“历史在中国所起的作用，一定程度上等同于对神的崇拜和对某种宗教的信仰。”重史传统的形成，与丰富的历史传统直接相关；从另一个层面讲，中国的重史传统，又直接增强了历史传统的丰富度。中华传统文化中的核心理念，如道、中、和、仁等，无一不是从历史的深处走来，是有本之木、有源之水。如讲仁爱，后世把三皇五帝时代的舜视作仁爱的典范；儒家经典《论语》共两万多字，“仁”字便出现了109次；孟子讲“亲亲而仁民，仁民而爱物”；宋代的张载更是提出“民胞物与”的主张。这些思想家的仁爱观念，聚合成中华传统文化中讲求爱有等差、以爱家人为基本，由近及远向外辐射到他人乃至天地万物的中国仁爱思想体系。凝魂聚气，强基固本。一个持续生长了几千年的文明，有着健旺的精气神。母性的土地，滋养出独具特色的文化风景。中华传统文化成长于中华民族特有的生存环境之中，源远流长，博大精深，包含着中华民族高超的生存智慧，积淀着中华民族最深沉的精神追求，是中华文明持续健康发展的底气。正如习近平总书记所说："中华文化积淀着中华民族最深沉的精神追求，是中华民族生生不息、发展壮大的丰厚滋养。"

挖掘当代价值，旨在激发传统文化在当代的生命活力。树大根深，枝繁叶茂。中华传统文化涵盖精神信仰、哲学观念、政治制度、社会风俗的各个层次、各个方面，是一棵生机盎然的大树。讲仁爱、重民本、守诚信、崇正义、尚和合、求大同，醇厚的文化基因为中华民族生生不息、发展壮大提供了丰厚的精神滋养，也为培育和践行社会主义核心价值观、建构当代社会主义文化提供了不竭的动力支持。例如，中华传统文化中的仁爱理念，蕴含着深刻的平等观，它内在地承认人与人在生命价值上是平等的，因而才能做到一视同仁。对他人的尊重，深含人道精神。这种理念，既是一种人生态度，也是一种高超的生存智慧。现代社会、国家、个人的发展，必须以"爱人""成己、成人、成物"为前提和目的。"仁爱"可以说是"和谐""公正""敬业""友善"等价值观的源头。仁爱观念能够促进和谐人际关系的建立，有利于家庭和社会秩序的稳定，有利于世界和平的维护，有利于良性生态环境的建构。正是从这个意义上说，"仁爱"与社会主义核心价值观有着千丝万缕的联系，理应成为社会主义核心价值观的题中应有之义。再如，中华传统文化主张“民惟邦本”，并设计了民本的三个层次：爱民育民，关心下层人的疾苦；节制欲望，使民以时；为民谋利、执政为民，“泽加于民”。这为当下的治国理政提供了丰富的借鉴。代有传人，一脉相承。中华传统文化鲜活地存在于当下的生活之中。中华传统文化是中华民族基于独特的生存环境长期发展而成的，蕴含着中华民族的生活习惯、生存智慧、文化理念，积淀着中华民族的精神追求。中华民族的文化基因，生动呈现于当代社会的方方面面。

培育国际视野，推进传统文化全球化，是一个极具时代感的命题。人类发展的历史，就是不断全球化的历史。从封闭走向开放，从隔离走向融通，是人类历史发展的大趋势。安东尼·吉登斯在《现代性的后果》一书中，从世界资本主义经济、民族国家体系、国际劳动分工、世界劳动秩序四个维度阐述了全球化。当今时代，伴随着互联网的快速普及，全球化已成为人们广泛关注的世界性话题。习近平总书记曾说：“只有交流互鉴，人类文明才能充满生机。”交流使互鉴成为可能，互鉴是交流的目的所在。将中华传统文化以国际视野进行考量、辨析，也才能真正将其“讲清楚”。例如，中华传统文化讲“仁爱”，基督教文化讲“博爱”。仁爱即“老吾老以及人之老，幼吾幼以及人之幼”，它由亲情之爱上升到人类之爱，再扩展到万物之爱，由“孝悌”到“爱人”，由“修己”到“安人”，因而平实可行。这就与基督教文化中的“博爱”有所不同：来源不同，一为上帝，一为人的生命，因而前者是权威的要求，后者是真情的流露；目的不同，一为个人的得救，一为推己及人，传递个人的感受。以“博爱”来观照“仁爱”，中华传统文化重亲情的人间性表现得格外鲜明。再如，同样是讲守信，以西方人的“契约”来审视中国人的“诚信”，便能看出诸多的不同。契约式的守信，是外在规则约束下的守信，是通过外在强制性规范对不守信的人加以惩罚来实现的。与之不同，中华传统文化中的“诚信”，源于内在道德性的要求，是君子之则。这种诚信，是基于血缘、地缘与人缘的熟人社会的，因此在贸易发达、商业活动相当复杂的时代便无法维持。中与西，古与今，架构起讲清楚中华传统文化的两个认知框架。“如切如磋，如琢如磨”，在与不同文化的对比中，中华传统文化的优势与不足方能充分显现出来。在此过程中，中华传统文化的生命力也得以丰富彰显。

立足人类高度，是传统文化创新发展的应有追求。对国际视野的培育当然不能唯西学马首是瞻，而是要借此综合创新，以人类的高度来审视中华传统文化，也就是要在“人类命运共同体”中来“讲清楚”中华传统文化。2013 年 3 月，习近平在莫斯科国际关系学院发表重要演讲，他指出：“这个世界，各国相互联系、相互依存的程度空前加深，人类生活在同一个地球村里，生活在历史和现实交汇的同一个时空里，越来越成为你中有我、我中有你的命运共同体。”此后，习近平总书记多次在不同场合向国际社会传递过这一中国理念。“人类命运共同体”，向世界传递了在国与国关系中追求和平发展的愿望。同声相应，同气相求。中华传统文化追求高远、思想深邃，在人类思想的高处与其他文化相遇，是整个人类文明的瑰宝。仁者爱人，重和合，求大同，有利于缓释不同民族、不同国家、不同文化之间的冲突；“人与天地万物一体”“民胞物与”有助于建构新的生态环境伦理和可持续发展的战略规划，对正确处理人与自然的关系问题具有启迪意义；大道之行，天下为公，构画了人类发展的未来愿景。中华传统文化体现了中国人的生存智慧，也丰富了整个人类的立命之学。

日新之谓盛德，生生之谓易。传统文化，是在历史发展过程中不断融合新质、转换创新的产物。中华传统文化，富有海纳百川的创新精神和巨大的创生能力。时移事易，新的时代，新的处境，中华传统文化也承担着实现创造性转化和创新性发展的责任。要把握时代脉搏，吸引人类其他文明的优秀成分，引领时代前进，为中华民族生生不息、发展壮大提供源源不断的丰厚滋养。中国当代的生态文明建设，要植基于中华传统文化的“仁爱”观念，同时也要融入现代科学的生态理念；中华传统文化中的“民本”观念，在家天下的背景下，强调的是“为人民的统治”，而忽略了“人民的统治”，只有融入现代的民主观念，才能推进人民民主专政；现代诚信建立在现代社会发展的基础之上，要把西方法律文化中的自由、平等、权利等内容作为重要参考，实现美德与制度的结合；等等。《尚书·说命》讲“知之匪艰，行之惟艰”，朱熹认为知先行后、知轻行重、知行互发，王阳明进一步提出“知行合一”……由知行关系来看，中华传统文化的“双创”与“四个讲清楚”也是“合一”的两个方面。

齐鲁文化在中华传统文化中占据着特别重要的地位。齐鲁大地是中华文明最早的发源地之一，有着深厚的文化基础。以周封齐鲁为契机，齐鲁成为中华早期文明的“重心”之地。春秋末期，儒学创始人孔子的出现，既是齐鲁文化发展的结果，同时也推动了齐鲁文化地位的进一步提升。战国时期百家争鸣，齐鲁的重心地位更加突显：诸子百家多出齐鲁，齐国的稷下学宫成为百家争鸣的中心之地，儒墨显学并出于齐鲁。秦汉以后，齐鲁文化由地域文化上升为国家的主流文化，成为中华传统文化的核心和主干。中国思想史界著名学者杨向奎先生对齐鲁文化的这种特殊地位做了精辟概括："齐鲁文化，实为先秦文化的核心，在中国历史上，齐鲁文化也是传统文化的正统派。"齐鲁文化的这种特殊地位与特殊贡献，使它超出了地域范围而具有国家乃至世界性的意义。中华传统文化的基础与主干都与齐鲁文化有着密切的联系。

《齐鲁文化与当代中国丛书》基于以上的思路策划撰写，五本书的作者都是在相关领域卓有成就的中青年学者，文字中凝聚了他们的研究和思考，也浓缩了中国当代学人对中国传统文化的深情。本丛书由山东省社会科学界联合会组织策划，得到中共山东省委宣传部的高度重视，被列入山东省理论大众化出版工程重点项目，同时得到了教育部人文社科重点研究基地山东师范大学齐鲁文化研究院、山东省协同创新中心"齐鲁文化传承与山东文化强省建设"项目的经费支持。"周虽旧邦，其命维新"，中华传统文化正日渐焕发出新的生机。实现民族复兴，中华民族的发展，要从中华传统文化中汲取力量；克服诸多困难，人类社会的进步，要从中华传统文化中寻找智慧。

编 者

2017 年 12 月

目录

绪论

天下为公——穿越千秋的社会梦

我们要建设一个什么样的社会？要奉行什么样的大道至德？又要实现什么样的国计民生，倡导什么样的良风美俗？

自从有了人类社会，人类就开始思考社会建设问题。从执政者角度讲，不管何人在位，都要进行社会治理，寻求百姓安宁、社会安定之道，因而社会建设是各朝各代都面临的课题。在中国，“历代封建国家不仅十分重视社会建设问题，而且在许多方面取得了卓有成效的成就。正是这种成就的取得，才使中国古代社会在十分复杂的历史条件下，能够获得较为持续的发展，文明没有中断”[①]。

一

两千五百年前,一位哲人身处春秋乱世,心忧天下治平。为了使社会恢复有序的状态,他上下求索,四处奔波。有一天,参加完蜡祭之礼,他缓步走上庙外楼台,远眺鲁国大地,感慨民生维艰,禁不住向弟子道出其社会建设的宏伟蓝图:

> 大道之行也,天下为公。选贤与能,讲信修睦,故人不独亲其亲,不独子其子,使老有所终,壮有所用,幼有所长,矜寡孤独废疾者,皆有所养。男有分,女有归。货恶其弃于地也,不必藏于己;力恶其不出于身也,不必为己。是故谋闭而不兴,盗窃乱贼而不作,故外户而不闭,是谓大同。[②]

他,就是孔子。

天下大同,就是孔子的“社会梦”。

千秋百代,岁月汤汤。沿着绵延不绝的文化长河,孔子的这一梦想,于今已化作当代中国正在实现着的“中国梦”。

---

① 卜宪群:《关于中国古代社会建设问题的一点思考》,《社会科学管理与评论》2005年第2期。

② 《礼记·礼运》。

二

理想的社会：天下为公。

对社会建设基本原则的诉求：公正。

天下是天下人的天下，社会是公众共有的社会；社会建设必须以公正的方式来进行。这是理想社会的基本特征，亦是建设理想社会应遵循的总原则。这一思想的形成，来自一代又一代中国人对理想社会的不懈追求。针对建设何种社会、社会何以建设的问题，我们先人的基本思路是：效法天地大道。天地大道的至德可概括为公正无私。执政者只有合于大道、合于公正，才能获得执政的合法性，进而重建社会秩序；反之，以私心治国，必然导致天下大乱。

孔子是中国历史上众多思想家的杰出代表。他处在“世袭以为礼”的社会，却以穿越千秋的眼光，描绘出大众心中“大同”的社会梦想，并以人能弘道、道不远人等思想自励与励人。从此，这个“大同”梦砥砺着中华民族为建设一个更加公正的社会而不懈奋斗。

要建设一个理想的社会，就要把公正原则贯穿于社会的各个方面。一是在国家层面，必须公正地治理国家。如孔子所言，“政者，正也”，为政者一旦缺失公正的美德，就会失去善治国家的必要基础，所以，孔子特别重视选贤任能。仲弓问政时，孔子把“举贤才”视为为政者重要的品德和能力。樊迟问智时，孔子还阐发了“举贤才”的社会效应：真正做到客观公正地选拔任用正直之人，那么社会上那些邪恶之人也会改邪归正！二是在社会层面，必须以天下百姓为公，即公正原则适用于天下百姓。在管子看来，人无论“富贵”还是“贫贱”，都应该获得“公平而无所偏”的对待。孔子实践着“有教无类”的教育理念，“无类”就是说人没有高低贵贱之分，都有接受教育的权利。三是在人与人的关系层面，要公正相待。儒家文化强调在社会交往中要公正地对待他人。譬如，“君子周而不比”，不徇私护短，不结党营私；“三人行，必有我师焉”，尊重他人的独特性和存在价值；“为仁由己”，让每一个人去决定自己的行为和追求；“己所不欲，勿施于人”，宽以待人，让大家和睦相处。

三

理想的社会：讲信修睦。

对社会建设基本方式的诉求：德治。

理想的社会，在儒家那里必是一个美德之花处处盛开的社会，人与人融洽相处，彼此团结友爱，诚实无欺。在那里，信任与和睦成为支配人际关系的基本原则，人们路不拾遗、夜不闭户，社会祥和安宁、无奸无盗。要实现这样的社会理想，不能靠暴力，也不能简单地“齐之以刑”，否则会出现“民免而无耻”的不良后果。与理想社会的要求相适应，建设理想社会的基本方式只能是德治。

德主刑辅是实现德治的重要手段，是顺应历史发展潮流的经验总结。西周萌生的“明德慎罚”思想，孔子提出的“为政以德”思想，都是“德主刑辅”思想的重要来源。至迟到汉代，董仲舒综合孔子、孟子、荀子等人的思想，汲取秦朝灭亡的教训，建立了一个较为完整的理论体系。后来，董仲舒的这套理论被西汉统治者确立为国家治理和社会建设的基本方略。

在儒家对社会建设的设计中，化民是将国家政治理念推行于社会大众、融入民心民生的具体途径。儒家希望教行迁善，最终达到社会至善。儒家的教化思想，对我国数千年的政治、教育、文化产生了广泛而深远的影响，尽管其最终目的还是维护统治者的社会统治，但在移风易俗、培养主体精神、建构和谐社会等方面有着积极的意义。

四

理想的社会：鳏寡孤独废疾者皆有所养。

对社会建设主线和重点的诉求：保障民生。

孔子在和弟子对话时说过，能做到“博施于民而能济众”，这样的人岂止是仁人，简直就是圣人，甚至可以说“尧舜其犹病诸”[①]！连尧、舜这么高尚的人都难以做好、深感不及，看来在孔子心目中，“博施济众”是一个衡量社会建设水平的极高标准。

一方面，社会建设要不断满足社会成员对基本物质利益的需求。马克思主义认为，人们首先要解决衣食住等基本生活需要，然后才能从事政治、文化和教育等活动，物质资料的生产是人类

① 《论语·雍也》。

社会存在与发展的基础。所以，社会建设必须以保障民生为主线和重点。民生问题不单纯是民众个体层面的问题，更是一个国家和社会层面的问题，它的解决有赖于社会建设的制度设计和政策关怀。作为社会建设的楷模，尧、舜以保障民生为己任，但由于历史条件的局限，这种保障也只能是有限的和相对的，这应是尧舜之“病”产生的一大原因。总体说来，中国古代保障民生方面的成功举措，首先是重视发展生产，特别是注重保护和发展农业；其次是薄赋节用，裕民惠民；再次就是分利于民。在注重发展生产的同时，把改善社会道德环境作为保障民生的重要内容，努力建设百姓安居乐业的美好社会。

另一方面，社会建设要做好慈善救助。面对天灾人祸、生老病死，慈善救助是保障社会“民生底线”和“人性底线”的大事，是社会之所以成为社会、我们之所以建设社会的要旨所在。尧、舜高度重视恤患济众工作，但在生产力水平低下的状况下，力所能及的“济众”和“皆有所养”的理想目标之间永远有距离、有遗憾，这应是尧、舜之“病”产生的又一大原因。透过这个“病”字我们还能感受到，民众疾苦在圣贤心中比泰山还重！总体说来，传统文化特别是齐鲁文化对中国慈善救助事业的贡献包括两个方面：一是提供了重要的理论指导。如孔子的“仁”成为慈善救助的核心思想，孟子的“人皆有不忍人之心”是慈善救助的人性根据，墨子以强扶弱、以富济贫、相互扶持的兼爱思想为慈善救助提供了方法论基础。二是在实践上，齐鲁文化为中国历史上的慈善救助提供了制度政策和方式方法的借鉴，像齐国、鲁国的大量慈善活动，如建仓备粟、以待凶饥，慈幼恤孤、宽疾惠民，振困宽疾、矜贫恤独等，都为慈善救助事业提供了可资借鉴的资源。

五

建设理想社会，还看今朝！

当今中国的社会建设，和历史上任何一个朝代的社会建设相比都具有本质的不同：人民成为国家真正的主人。社会主义制度的建立和不断完善，为“天下为公”社会梦的实现提供了坚实的制度支撑。

当今的中国人比历史上任何时期的人们都更接近“天下为公”的理想社会目标。只要我们沿着中国特色社会主义道路继续前进，“天下为公”的理想就会越来越近。其实，这“天下为公”的社会梦，不就是中华民族伟大复兴的中国梦吗?!

我们要弘扬中华优秀传统文化，当然需要借鉴历史上成功的社会建设经验，使其服务于当代中国的社会建设。习近平总书记指出，治理国家和社会，今天遇到的很多事情都可以在历史上找到影子，历史上发生过的很多事情也都可以作为今天的镜鉴。

在“五位一体”社会主义事业总体布局中，社会建设与百姓生活息息相关，它的方方面面都关乎百姓福祉。当代中国，将把以民生为重点的社会建设推进到一个新阶段。习近平总书记强调指出：“人民对美好生活的向往，就是我们的奋斗目标。”①“我们

---

① 《习近平谈治国理政》，外文出版社2014年版，第3页。

将以保障和改善民生为重点，促进社会公平正义，推动实现更高质量的就业，深化收入分配制度改革，健全社会保障体系和基本公共服务体系……为人民创造良好的生产生活环境。”[①]

大道之行，天下为公。这根植于天地精神的社会梦，曾指引一代又一代中国人满怀希望地前行。今天，它所激发的民族力量，定能推动中国社会实现更高层次的发展，定能激励中国人民书写出无愧于历史、无愧于天地的美好篇章。

① 《习近平谈治国理政》,外文出版社 2014 年版,第 347 页。

第一章

贵民致公——社会建设的基本理念

绵延数千年的中国传统文化，积累了大量治国理政的经验与智慧，其中先秦齐鲁文化中的社会建设思想，体现和丰富了中华文明的社会建设智慧。管子、晏子、孔子、孟子等齐鲁思想家和政治家，提出了民贵君轻、政以裕民、公正无私等社会建设的基本理念，他们认为，社会建设必须在经济发展的基础上着力保障和改善民生。这些思想和实践，对当今的社会建设具有重要的借鉴意义。

第一节　民贵君轻　民生为要

儒家的民本思想，是中国古代社会建设的重要指导思想。当前，我国新的发展理念贯穿着以人民为中心的发展思想，深入理解中国古代的民本思想，对我国现阶段的社会建设会有多方面的帮助。

一、民贵君轻，执政为民

（一）民本思想的含义

今天我们所使用的“民本”一词，是对中国历史上“重民”“贵民”（或“民贵”）以及“民惟邦本，本固邦宁”[①] 等重民思想的一种概括，其核心思想是：人民是国家的根基，只有根基牢固，国家才能安定。

最初使用“民本”概念的是梁启超，他在20世纪20年代首先以此概念来概括先秦思想中重视民众的诸多思想。“民本”有两重含义：一是就民众对国家和君主的重要性而言，民众是国家之本，也是君主执政的基础，国家和君主应敬畏民众、顺应民意；二是在国家治理和社会建设上，国家和君主应做到以民为本，重视和保障民众利益。

---

① 《尚书·五子之歌》。

在中国古代历史上，晏子和孟子的民本思想影响最为深远。

晏子的民本思想，集中体现在他对民众的强烈关注和深刻认识上。晏子认识到普通民众在国家发展和社会建设中具有巨大的力量，并提出“意莫高于爱民，行莫厚于乐民，意莫下于刻民，行莫贱于害身”①。他认为，执政者治理国家时要做到“卑而不失尊，曲而不失正”②，执政者态度谦卑而不失尊严，处事灵活而不背弃正道，才是以民众为本的正确做法。晏子对齐景公“与民为仇”“不顾民而忘国”③ 的行为多次提出批评，警告他说“今君不革，将危社稷”④，可谓胆识过人。国为主而君为次，国之基础在民。可见，民众、国家在晏子心目中有着崇高的地位，这也集中反映了晏子民本思想的特点。晏子对民众、国家和统治者之间关系的认识及其强烈的爱民意识，成为孟子民贵君轻思想的主要来源。

孟子的民本思想，首先强调民贵君轻。“民为贵，社稷次之，君为轻。是故得乎丘民而为天子，得乎天子为诸侯，得乎诸侯为大夫”⑤，朱熹注释说：“盖国以民为本，社稷亦为民而立，而君之尊，又系于二者之存亡，故其轻重如此。丘民，田野之民，至微贱也。然得其心，则天下归之。天子至尊贵也，而得其心者，不过为诸侯耳，是民为重也。”⑥

---

① 《晏子春秋·内篇问下》。
② 《晏子春秋·内篇问下》。
③ 《晏子春秋·内篇谏上》。
④ 《晏子春秋·内篇谏下》。
⑤ 《孟子·尽心下》。
⑥ 《四书章句集注》。

孟子的民本思想，还强调民心的重要性。这一点在《孟子·离娄上》中有较为详细的论证：

桀、纣之失天下也，失其民也；失其民者，失其心也。得天下有道：得其民，斯得天下矣。得其民有道：得其心，斯得民矣。得其心有道：所欲与之聚之，所恶勿施尔也。

桀和纣之所以失去天下，是因为他们失去了民众的支持；而之所以会失去民众的支持，是因为他们失去了民心。孟子总结桀、纣覆灭的历史教训，分析了天下得失的根本原因：民心向背决定政权兴衰、国家兴亡。

孟子等思想家的民本思想特别是民贵君轻思想，对中国古代的社会建设影响极大。譬如《战国策·齐策》中“齐王使使者问赵威后”的故事，我们就可以从中看到孟子“民为贵，社稷次之，君为轻”思想的影子。书载：

书未发，威后问使者曰：“岁亦无恙耶？民亦无恙耶？王亦无恙耶？”使者不说，曰：“臣奉使使威后，今不问王，而先问岁与民，岂先贱而后尊贵者乎？”威后曰：“不然。苟无岁，何以有民？苟无民，何以有君？故有问舍本而问末者耶？”

赵威后即赵太后，惠文王之妻。齐国使者出使赵国，齐王给赵太后的信还没打开，赵太后就问齐使：“贵国今年可是大丰收？

百姓生活可好？国君可好？”齐使对赵太后最后才问本国国君大为不悦，赵太后说道：“如果没有收成，怎么会有百姓？如果没有百姓，又怎么会有国君？哪有不问根本而去问末梢的呢？”齐使听后很是服气。实际上赵太后的发问，都是围绕“民”而展开的，这也展现了她以民为本的治国思想。

（二）民本思想在社会建设上的历史作用

一方面，民本思想能起到制约执政者个人行为的积极作用。《晏子春秋·内篇谏下》中有这样一段记载：

> 景公有所爱槐，令吏谨守之，植木县之，下令曰：“犯槐者刑，伤槐者死。”有不闻令，醉而犯之者，公闻之曰：“是先犯我令。”使吏拘之，且加罪焉……（晏子）复于公曰：“婴闻之，穷民财力，以供嗜欲，谓之暴。崇玩好、威严拟乎君，谓之逆。刑杀不称，谓之贼。此三者，守国之大殃也。今君穷民财力以羡馁食之具，繁钟鼓之乐，极宫室之观，行暴之大者；崇玩好，县爱槐之令，载过者驰，步过者趋，威严拟乎君，逆民之明者；犯槐者刑，伤槐者死，刑杀不称，贼民之深者。君享国，德行未见于众，而三辟著于国，婴恐其不可以莅国子民也。”

这段话的意思是说，齐景公有棵心爱的槐树，他命令官吏谨慎地看守，并悬置一块木牌，上书“犯槐者刑，伤槐者死”予以警示。有个人不知道齐景公的命令，喝醉了酒，无意中碰到了槐树，被官吏拘捕，将要治罪。晏子知道此事后向齐景公进谏，他说齐景公的这种做法是治理国家的大忌，会危及国家。他指出，齐景公这种重物不重人的行为会伤害百姓的感情，最终导致民心尽失，君位不保。齐景公接受了晏子的规谏，认识到这种行为的危害，于是“罢守槐之役，拔置县之木，废伤槐之法，出犯槐之囚”。

另一方面，民本思想能影响执政者社会建设的政策。在中国几千年的历史长河中，一些儒学思想家、政论家经常宣扬民本思想，使得执政者不敢公开反对民本思想，不敢否定民本思想在社会治理方面的重要作用。他们如果公开否定民本思想，就等于和民众对立起来，就会丧失统治的合法地位。与此同时，一些明智的执政者深知人民在国家发展、社会建设上具有重要作用，因而把自己打扮成民众的保护者，并且极力在社会建设政策上体现爱民、利民的风范。唐太宗可以说是这一方面的代表，他曾对大臣们说：“天子者，有道则人推而为主，无道则人弃而不用，诚可畏也。”[1] 执政者按规矩治理国家和建设社会，百姓才会拥护他做一国之主；执政者无道，百姓就会将他废掉。这就是国君要常怀畏惧之心的原因啊！执政者把民众视为邦国之本，通过种种社会建设措施使民众安居乐业，恰恰是基于期望国家社会长治久安的政治需要而做出的理性选择。

（三）民本思想与当代中国的社会建设

民本思想是中华民族源远流长的优秀传统文化的重要组成部分。我们要立足于中国特色社会主义建设的伟大实践，从传统民

---

① 《贞观政要·论政体》。

本思想中汲取精华，并与时俱进地加以扬弃，实现创造性继承和创新性发展。

首先，把人民立场作为社会建设的根本立场。坚持人民立场，就是坚持人民在历史发展和社会建设中的主体地位。在中国特色社会主义现代化建设中，民本思想被赋予了全新的时代内涵。继承和弘扬中国古代民本思想的精华，就要确立以人民为中心的发展理念。正如习近平指出的："带领人民创造幸福生活，是我们党始终不渝的奋斗目标。我们要顺应人民群众对美好生活的向往，坚持以人民为中心的发展思想，以保障和改善民生为重点，发展各项社会事业……"①

其次，把维护人民群众的根本利益作为社会建设的目的。党的十八大报告指出，加强社会建设，要解决好人民群众最关心最直接最现实的利益问题。"以人为本，执政为民"是我们党的执政理念和施政要领。现阶段，实现和维护大多数人的利益，就是在现代化建设过程中，使工人、农民、知识分子和其他劳动群众共同享有经济社会发展的成果。通过改革，最大限度地提高社会发展水平，是维护最广大人民根本利益的基本途径。维护人民利益，就要改革社会保障机制，大力发展社会保障事业，完善最低生活保障制度等。维护人民利益，重在落实。落实是具体的，要落实每一项具体的政策，解决每一个具体的问题，帮助群众克服每一个具体的困难，切实有效维护群众的合法权益和社会公平

① 习近平:《在庆祝中国共产党成立95周年大会上的讲话》,《人民日报》2016年7月2日,第2版。

正义。

最后，把“一切为了群众，一切依靠群众，从群众中来，到群众中去”的群众路线作为社会建设的基本方法。社会建设工作必须以人民群众的利益为最高标准，尊重和支持人民群众的首创精神。党的群众路线是对中国古代民本思想的扬弃，它与民本思想是两个具有本质差异的概念。我国传统民本思想可以归纳为两个方面：一是人民是国家、社会的价值主体，二是君主的权力只有得到人民的拥护才能稳固。党的群众路线确立的前提是人民当家作主，人民群众的福祉和命运掌握在自己手中。显然，党的群众路线在继承中国传统民本思想精华的基础上发生了质的变化。在践行群众路线中弘扬民本思想，这是个重要的时代课题。仅从借鉴意义上说，孔子讲求“仁”，启发我们要一切为群众着想，全心全意为人民服务；孟子讲求“义”，启发我们在贯彻群众路线上，要把人民利益看得高于一切，不讲索取，只讲奉献；荀子讲求“严”，启发我们在落实群众路线上要严格要求自己，依法办事，在群众中树立良好形象和威信。

二、 民生为要， 政以裕民

为政之要在民生。民生问题是关系民众生产、生活的实际问题，改善民生是社会建设的重要内容。中国历史上有作为的执政者都非常重视民生问题。今天，“我们要念之再三、铭之肺腑，多谋民生之利，多解民生之忧”[1]，切实保障和改善民生，推进社会主义和谐社会建设。

（一）民生问题关乎国家兴衰和社会稳定

“民生”一词最早出现在《左传·宣公十二年》中：“民生在勤，勤则不匮”，意思是说，百姓只有勤劳，才能保证生活物资不匮乏，这是从个体角度说民生。屈原在《离骚》中也谈到民生：“长太息以掩涕兮，哀民生之多艰。”与“民生”一词相似，儒家经典中多有“养民”“厚生”等词语出现。在中国传统社会中，民生问题更是一个国家和社会层面的问题，它的解决不能单纯依靠民众的个体努力，而更有赖于社会建设的制度设计和政策关怀。过去，民生主要指的是民众的生计问题；现在，民生不仅指民众的基本生存和生活状态，还包括民众的基本发展机会、基本发展能力和基本权益保护等。

民生问题是关乎国家兴衰和社会稳定的大事。政之所兴在顺民心，政之所废在轻民生。古代的民本思想，强调人民大众在国家治理和社会建设中的重要作用，敦促执政者要安民、利民、富民，目的就在于唤起执政者的觉悟，关心民间疾苦，不要为满足一己之私而残酷剥削百姓。对于这一点，唐太宗有深刻的认识，他曾言：“为君之道，必须先存百姓。若损百姓以奉其身，犹割股以啖腹，腹饱而身毙。”[2]

（二）改善民生的历史经验

中国古代改善民生的经验极为丰富，如下仅择要阐述三点。

---

① 《李克强作的政府工作报告》（摘登），《人民日报》2016年3月6日，第2版。

② 《贞观政要·论君道》。

首先，发展生产，特别要注意保护和发展农业。民以食为天，农业是中国古代最重要的生产部门，所以古代社会建设的重点是保护农业这个基础。譬如《管子》认为，国家人口的增加、财富的增长都有赖于粮食生产的发展，粮食增加了国家就会富裕，因此发展农业是重中之重。促进农业发展，就要抑制奇巧末业。“凡为国之急者，必先禁末作文巧。末作文巧禁，则民无所游食。民无所游食，则必农……故禁末作、止奇巧而利农事。”① 要促进农业发展，执政者就不能妨碍农事。譬如荀子就提出，要珍惜劳动力资源，保障农时，对统治者大兴土木等行为加以必要限制，把劳动力投入到有效的生产中，最大限度地创造农业生产效益，“罕兴力役，无夺农时，如是，则国富矣”②。管子曾借齐桓公出游之机，劝齐桓公考察农事、珍惜农时。《管子》记载：

桓公将东游，问于管仲曰：“我游犹轴转斛，南至琅邪，司马曰：‘亦先王之游已。’何谓也？”管仲对曰：“先王之游也，春出，原农事之不本者，谓之游。秋出，补人之不足者，谓之夕。夫师行而粮食其民者，谓之亡。从乐而不反者，谓之荒。先王有游夕之业于人，无荒亡之行于身。”桓公退，再拜命曰：“宝法也。”③

桓公准备东游，问管子说：“我这次出游，想要像轮轴斗斛

① 《管子·治国》。
② 《荀子·富国》。
③ 《管子·戒》。

一样转一圈，向南到琅琊。司马提出建议说，也要像先王那样出游。这是什么意思呢?”管子回答说：“先王的出游，春天外出，调查农事上经营有困难的，叫作‘游’；秋天外出，补助居民中生活有不足的，叫作‘夕’。那种人马出行而役使百姓的，则叫作‘亡’；尽情游乐而不肯回来的，则叫作‘荒’。先王对百姓有游、夕的功德，却从没有荒、亡的行为。”桓公退后拜谢说：“这是宝贵的经验。”

其次，薄赋节用，裕民惠民。实行宽惠的经济政策，允许百姓牟利取财，同时还要做到节用薄敛，轻税薄赋，让百姓物质生活有保障，这是中国历史上有作为的执政者在民生建设上的共同做法。孔子提出“足食”“富而后教”的论点，把增加百姓的物质财富作为实施礼乐教化的基础。荀子提出了“裕民以政”的策略，其中“等赋”为其首，即税赋要有度且有等级，目的是“以养万民”，让百姓丰衣足食。在《荀子·富国》篇中，他严正地批评苛征重税的君王：“厚刀布之敛以夺之财，重田野之税以夺之食，苛关市之征以难其事”，认为这样的君主是在自取灭亡。荀子指出：

> 足国之道：节用裕民而善臧其余。节用以礼，裕民以政。彼裕民，故多余。裕民则民富，民富则田肥以易，田肥以易则出实百倍。……故知节用裕民，则必有仁义圣良之名，而且有富厚丘山之积矣。此无它故焉，生于节用裕民也。[1]

---

① 《荀子·富国》。

荀子认为，“裕民”和“节用”是紧密联系的，要“裕民”就必须“节用”，并妥善贮藏多余的粮食和财物；挥霍无度，政策再好也不可能真正做到“裕民”。节约费用要依靠礼制，民众富裕要依靠政策。推行节用的制度，粮食财物才有盈余；实行裕民的政策，民众才会富裕。民众富裕了，农田就会被多施肥并得到精心耕作；农田被多施肥并得到精心耕作，那么生产出来的谷物就会成倍增加。懂得节用裕民，就一定会享有仁爱、正义、圣明、善良的名声，拥有丰富得像山陵一样的积蓄。这没有其他的缘故，都是由于贯彻了节用裕民的方针。荀子对“节用—裕民”“投入—产出”关系的认识极为透彻，这对今天不无指导意义。

荀子的可贵之处在于，他看到了改善民生与社会建设之间的内在联系，看到了改善民生与政治稳定的一致性。社会建设政策对改善民生具有引导作用，民生改善必须有长期稳定合理的政策作保障；只有民生改善了，人民富裕了，才能从根本上保证国家长治久安；也只有政治稳定了，民生的改善和持续发展才能获得基本的保障。

最后，分利于民。《管子·乘马》中强调为政者应善于分利于民：“圣人之所以为圣人者，善分民也。圣人不能分民，则犹百姓也。于己不足，安得名圣?”圣人之所以成为圣人，就是因为他善于分利于民，否则便与普通百姓无异；自己总是贪而不足，怎能算是圣人呢?《管子》主张，国家矿藏的开采权应归国家所有，不容许私人染指或私占；同时又主张在政府的监督下，鼓励民间力量去开采经营，甚至提出了政府征收所得税的具体措施："量其重，计其赢，民得其七，君得其三。"[①] 这一做法既维护了正常的生产秩序，又调动了民众的生产积极性，是分利于民的有效举措。

（三）改善民生历史经验的当代借鉴与发展

首先，把改善民生作为社会建设的出发点和落脚点。是否顺民心、重民生，直接关系社会建设事业的兴衰成败。民生问题是人民群众最关心的问题，也是最直接、最现实的利益问题，群众只有从改革中受益，才会支持进一步改革。我们党一直高度重视民生问题。党的十八大以来，以习近平为核心的党中央弘扬中华优秀传统美德，坚持以人民为中心，为民本思想注入了新的时代内涵。从"人民对美好生活的向往，就是我们的奋斗目标"到"让人民群众有更多获得感"，从"以人民为中心的发展思想"到"保障和改善民生，更好为人民服务"，一系列重要论述和实践，清晰勾勒出习近平治国理政的民生逻辑和人民至上的执政理念。在习近平的"民生观"里，践行新发展理念、深化改革开放的最终目标，就是让人民过上好日子。全面深化改革以来，一系列惠及民生的改革举措密集出台、强势推进，以看得见、摸得着的变化，让百姓获得了实实在在的好处。

其次，筑牢改善民生的物质基础。务本则民足，本末并举则民富。生产力是人类社会发展的根本动力，大力发展生产力是不断改善人民生活的物质基础和前提条件。正是牢牢抓住了经济建设这个中心不动摇，不断解放和发展生产力，我们才取得了举世

---

① 《管子·轻重乙》。

瞩目的建设成就，人民生活才得以不断改善。我们要继续走生产发展、生活富裕、生态良好的文明发展之路，以保障和改善民生、促进人的全面发展进步为价值归宿，让改革发展的丰硕成果真正惠及全体人民。

再次，不断破解新的民生难题。随着经济社会的不断发展和民众需求的逐渐提升，在吃饭、穿衣等温饱层面的民生问题解决之后，诸如教育、就业、医疗等发展层面的民生问题日益凸显。习近平指出："多谋民生之利，多解民生之忧，在学有所教、劳有所得、病有所医、老有所养、住有所居上持续取得新进展。"①怎样破解这些新的民生难题，满足人民群众过上更好生活的新愿望？这就要解决好事关群众切身利益的问题，找准保障和改善民生的切入点，把促进就业放在经济社会发展的优先位置，加快发展教育、社会保障、医疗卫生、保障性住房等各项社会事业。

最后，健全各项惠民政策措施，完善保障和改善民生的制度安排。政策、制度更带有根本性、全局性和长期性的影响力。保障和改善民生，必须健全各项惠民政策。进入 21 世纪以来，我们采取了多项保障民生、惠及大众的政策措施，通过这些实实在在的制度安排，有效维护了广大人民群众的经济、政治、文化和社会权益，彰显了我们党以人为本的执政理念，从而使全体人民越来越接近"学有所教、劳有所得、病有所医、老有所养、住有所居"的民生幸福目标。可以说，只有

① 习近平:《全面贯彻落实党的十八大精神要突出抓好六个方面工作》,《求是》2013年第1期。

健全各项惠民政策措施并确保落实，民生的改善才能获得制度化、规范化的长效保障。“我们要团结带领全体人民，以自己的辛勤劳动和不懈努力，不断保障和改善民生，让改革发展成果更多更公平惠及全体人民，朝着实现全体人民共同富裕的目标稳步迈进。”①

第二节　公平正义　无偏无陂

从古至今，公平正义都是人类社会发展的永恒价值目标和基本行为准则。在不同国家、不同历史条件下，对公平正义的探索追求始终是推动人类社会进步的重要力量。公平正义曾牵引中华民族谱写下壮丽篇章，今天，它所激发的民族力量，也定能推动中国社会向更公正、更和谐、更有活力的方向发展。

一、大中至正：社会建设公正原则的内涵

“公正是照亮社会的阳光。”② 实现公平正义是天下人的向往，也是社会建设的基本目标。社会建设中的公平正义原则，指的是社会各方面的利益关系得到妥善协调，各种社会矛盾得到正确处理，社会公平和正义得到切实维护和实现。

---

① 习近平：《在纪念红军长征胜利80周年大会上的讲话》，《人民日报》2016年10月22日，第2版。

② 苏超：《公正是照亮社会的阳光》，《人民日报》2014年4月8日，第7版。

（一）公正就是坚持原则、无所偏私

公平正义，简称为公正。所谓公正，指的是待人处世的一种态度，它要求人们坚持原则、无所偏私。也就是说，在社会生活中，人们应当以公心来对待他人、群体和社会，而不是将个人好恶作为取舍标准。

一方面，公正是坚持原则。朱熹明确指出："惟公然后能正。"唯有秉持"公心"，处事才能做到"无偏无党""无偏无陂"。如果"正而不公"，那么所谓的"正"就只是技术性的操作而已，不可能真正得到实现。因此，"公"是实现"正"的前提，"正"是"公"所要实现的目标和结果。要实现"公正"，其前提在于执政者要存有"公心"。所谓"公心"，是指一种超越个人成见和偏见，从客观角度去辨析、把握事物的品质。

另一方面，公正是无所偏私。在传统的公正思想中，"公正"往往与"无私"连用，如荀子言"公正无私"。在中国伦理思想史上，凡是与"私"有关的，如私利、私欲、私心等，大都被贴上"恶""不当""无德"的标签，被认为与儒家推崇的仁、义、礼、智、信等含"公"意的主流价值形态绝对对立，而且这一论调几乎贯穿儒家思想发展的始终。所以，在儒家看来，公正即去私存公，它是以社会整体利益作为价值标准的。

（二）公正就是平等地对待每个人

社会建设中的公正原则，归根到底要求以天下百姓为公。因此，不论亲疏远近、贫穷富贵、强大弱小，都应给予相同的机会。譬如在部门管理中，管理者有责任为员工提供良好的工作环境，让每个人发挥所长。《吕氏春秋·贵公》言：

昔先圣王之治天下也，必先公，公则天下平矣。平得于公。尝试观于上志，有得天下者众矣，其得之以公，其失之必以偏。凡主之立也，生于公。……天下非一人之天下也，天下之天下也。阴阳之和，不长一类；甘露时雨，不私一物；万民之主，不阿一人。

这里强调了齐国开创者姜尚早已提出的“天下非一人之天下，乃天下之天下也”[①]的思想，主张对所有人都一视同仁，“不私一物”，“不阿一人”。此外，齐鲁文化中蕴含着大量有关公正的思想资源。如孔子在社会建设上主张施德、礼于民，在教育上主张“有教无类”，跨越了贵族和平民之间原有的鸿沟。孟子认为每个人都平等地拥有仁义礼智四端，因而“人皆可以为尧、舜”[②]。荀子虽然主张人性本恶，但认为只要用礼义加以教化，“涂之人可以为禹”[③]，所以荀子也认为，在实现德性完善的可能性上，人们也是平等的。

（三）公正就是维护好大众的公共利益

以人民大众为公，归根到底是以维护人民大众的公共利益为出发点。“无私”是实现社会公正的前提，只有去私心，才能实现以维护公共利益为出发点的公正。古人有言：

凡法事者，操持不可以不正，操持不正，则听治不公；听

① 《六韬·文韬·文师》。
② 《孟子·告子下》。
③ 《荀子·性恶》。

> 治不公，则治不尽理，事不尽应。治不尽理，则疏远微贱者无所告诉；事不尽应，则功利不尽举。功利不尽举，则国贫，疏远微贱者无所告诉，则下饶。故曰："凡将立事，正彼天植。"天植者，心也；天植正，则不私近亲，不孽疏远……①

凡有关法度之事，处理起来不能不公正。拿捏不公正，则判断不公正；判断不公正，则治事不能完全合乎事理，办事不能完全得当。治事不完全合乎事理，老百姓就会有怨言；办事不完全得当，有利于国计民生的事业就不能充分开展。国计民生事业无法充分开展，国家就会贫穷；老百姓有怨言而无处申诉，则民间就会动荡。所以《管子》强调，无论"法事""立事"都要出于公心，做到"不私近亲，不孽疏远"。人是一种社会性存在，尤其在家国同构的政治文化环境中，人们对社会的依赖更是形成了国家利益至上的心理认同。人们普遍将一己之利同国家利益结合起来，将个人价值寓于社会价值之中。因此，维护大众的公共利益，首先体现为维护共同的国家利益。

二、 秉公任直： 社会建设公正原则在中国古代的实践

（一）公正地培养、选拔和使用人才

齐鲁文化积极倡导公平的用人标准，主张人才的培养、选拔和使用应该有公正合理的制度和政策。譬如《管子·小匡》记

① 《管子·版法解》。

载，当时齐国在用人上，不但中央决策层有明确具体的管理分工，而且全国范围内有一个自下而上的人才选拔体系；在选拔的同时还有严格的监督、考核，谁蔽贤谁就要被问罪。又如孔子在培养、选拔和使用人才上的思想和实践，也值得我们学习。

为了使更多的普通人能够有机会进入政府机构，为社会建设服务，孔子兴办私学，开创了民间自由讲学的先河，一个中国学术思想史的黄金时代由此出现。他遵循有教无类的教育原则，使社会大众拥有了受教育的机会；他还对不同的受教育者因材施教，循循善诱。这些举动使得一些贫寒之家的子弟获得了改变命运、步入新的社会阶层的机会。

孔子特别重视选贤任能。仲弓问政时，孔子说“先有司，赦小过，举贤才”①，把“举贤才”视为为政者的重要品德和能力。樊迟问智时，孔子还阐发了“举贤才”能产生良好社会效果的思想：“举直错诸枉，能使枉者直”②，意思是选拔正直的人，罢黜邪恶的人，这样就能使邪者归正。樊迟不解，子夏对其解释说：“富哉言乎！舜有天下，选于众，举皋陶，不仁者远矣。汤有天下，选于众，举伊尹，不仁者远矣。”③ 子夏认为孔子的话说得很深刻。他进而解释道，舜统治天下，在众人中挑选人才，把皋陶选拔出来，不仁的人就被疏远了；汤统治天下，在众人中挑选人才，把伊尹选拔出来，不仁的人就被疏远了。通过子夏的解说，孔子的选贤任能思想更为直观。

---

① 《论语·子路》。
② 《论语·颜渊》。
③ 《论语·颜渊》。

在人才使用上，孔子也强调要贯彻公正原则。他曾引用周朝著名史官周任的一句话对冉有说："陈力就列，不能者止。"① 意思是说，人要尽自己的力量去胜任职务，如果实在不能胜任，那就辞职让位。孔子之言，充分体现了他主张将公正精神贯穿于人才使用全过程的重要思想。孟子的主张与孔子一样，他曾说："贵德而尊士，贤者在位，能者在职……尊贤使能，俊杰在位。"②

（二）公正地分配

分配公正是社会建设公正原则的一项重要内容。分配是经济活动中最具实质意义的一环，它直接关系到个人的经济权益、等级尊严等。齐鲁文化非常重视分配的作用。管子认为，经济活动中的生产、交换、分配和消费四个环节中，分配尤为重要。他在《管子·牧民》篇中指出了分配在经济上的必要性和伦理上的合理性："天下不患无臣，患无君以使之；天下不患无财，患无人以分之"，即"不患寡而患不均"。那么，应该如何公正地分配呢？

其一，"相地而衰征"，根据土地情况征税。"彼民非谷不食，谷非地不生，地非民不动，民非作力毋以致财，天下之所生，生于用力，用力之所生，生于劳身。"③ 管子认识到，财富来自于土地和人力两个因素。土地是一个国家稳定的基础，土地得不到公正的分配和管理，相应的土地纳税制度也会不合理；纳税制度得不到改进，生产就不会发展；生产不能发展，物资就不能增多。

---

① 《论语·季氏》。
② 《孟子·公孙丑上》。
③ 《管子·八观》。

正所谓“正不正则官不理，官不理则事不治，事不治则货不多”①，“正地”的首要任务就是“均地”，即对各种不同质的土地进行分类，以作为合理征税的基础。土地不论大小多少都要如实地进行登记，税收根据土地贫瘠程度的不同“百而当一”“十而当一”或“五而当一”，这也就是所谓的“相地而衰征”，即根据土地情况分级征税。可以看出，这里的分配方式是一种制度上的改革，它一改过去简单化、一刀切的土地管理和纳税制度，确保了耕者的利益，提高了他们的生产积极性，给生产注入了活力，从而大大刺激了农业生产的发展。

其二，“按绩定食”，全面改革分配制度。生产不足、执政者占有、豪强兼并、习俗侈靡、金融凝滞、财货外流等因素，导致了严重的分配不均；社会劳动产品分配不均，又导致了经济和政治上的诸多弊端。例如，严重的贫富分化危及政权稳定，并侵蚀着整个社会的道德根基，造成“法令之不行，万民之不治”② 的社会混乱局面。为此，管子在分配制度上提出了“按绩定食”的原则。在《管子·权修》中，他主张“以其所积者食之”，积是指劳绩、功绩，食即指俸禄或奖赏；其意也就是根据劳绩来确定奖赏。他指出：“其积多者其食多，其积寡者其食寡，无积者不食。”③ 与此同时，为了体现对社会弱势群体的仁慈和关怀，管子提出：“量委积之多寡，定府官之计数，养老弱而勿通，信利害

① 《管子·乘马》。
② 《管子·国蓄》。
③ 《管子·权修》。

而无私”[1]，即要计算物资贮备的增减，核定各级官职的数量，不能无节制地增加社会的负担；对于那些没有办法自食其力的人，政府要养老恤弱，保障他们的生活，并且执政者要深刻认识这种举措的意义而不藏私心。

（三）公正地交往

每个人都有不同的成长经历、性格特点，在社会交往中，不能将自己的固有思维、观念和好恶强加于他人，而应该确立公正理念，求同存异，和谐相处。康德认为，公正地对待他人可归结为三条原则：一是“正直地生活”，人是目的，而不是他人达成目的的手段，这是“我”的生活准则；二是“不侵犯他人”，这是社会交往的一般原则；三是“把各人自己的东西归还给他自己”，这是指把自己与他人这两个主体纳入生活，来考量“我”与“特定他人”的关系。[2] 根据社会交往的这三条公正原则来审视孔子的交往思想，我们可以发现，孔子的公正精神具有极强的现代性。

就“正直地生活”而言，孔子强调的是对自己的公正，即人应该自觉做具有仁、义、礼、智、信、温、良、恭、俭、让等品德的谦谦君子，过“君子食无求饱，居无求安，敏于事而慎于言，就有道而正焉”[3] 的生活，养成“君子惠而不费，劳而不怨，欲而不贪，泰而不骄，威而不猛”[4] 的气质。就“不侵犯他人”

---

① 《管子·幼官》。

② 徐爱国:《“法律与公正”的古今观念比较》,《人民法院报》2014 年 7 月 4 日，第 2 版。

③ 《论语·学而》。

④ 《论语·尧曰》。

而言，《论语·卫灵公》强调的是对他人的公正，即“君子矜而不争，群而不党”；不做小人，《论语·为政》载：“君子周而不比，小人比而不周”；做一个欣赏他人优点的人，坚持“三人行，必有我师焉。择其善者而从之，其不善者而改之”[①]；把他人视作自己的兄弟，《论语·颜渊》有言：“四海之内，皆兄弟也。君子何患乎无兄弟也?”就“把各人自己的东西归还给他自己”而言，孔子主张“为仁由己”，“己所不欲，勿施于人”。从以上的举例，我们可以感受到孔子可贵的利他和公正精神，这是值得我们心怀崇敬去学习的。

三、 立公为民： 社会建设公正原则在中国当代的实践

（一）坚守社会公正的价值取向

追求社会公正是中国历史发展的重要主题，在现代化建设的今天，这一主题依然未变。当今中国，无论改革有多少分歧争议，公正无疑是社会最大的公约数，是改革的最大共识。传承中国古代公正精神，努力实现社会公正，是建设社会主义现代化国家的应有之意。

公正是社会主义核心价值观的重要内容。中国共产党继承和发展了马克思主义的公平正义思想，从诞生之日起就把实现社会公平正义作为自己的奋斗目标。习近平总书记在中央政法工作会议上强调，要把促进社会公平正义作为政法工作的核心价值追

① 《论语·述而》。

求。党的十八届三中全会特别强调，要“促进社会公平正义，深化社会体制改革”，“让发展成果更多更公平惠及全体人民”[1]，强调把公正原则贯彻到经济、政治、文化和社会建设的各个领域。在社会建设上，维护社会公正可以整合社会建设资源，形成社会建设的合力，促进社会和谐稳定。当代中国的公正建立在共同富裕的基础之上，建立在“使人民群众享有最广泛的民主政治权利”的前提之上。现阶段，要实现和维护社会公正，我们需要积极创造公平的制度环境，保证全体社会成员都能够平等地享受各项权利；进一步推进分配制度改革，缩小贫富差距；切实解决困难群众的生活问题。正所谓“夫去私者，所以立公道也；唯公然后可正天下也”[2]，相信在社会主义核心价值观的引领下，在社会各方面的努力下，公平正义定会成为每一个公民的价值追求。

（二）进一步增进制度公正

制度公正是指“规范化、定型化了的正式行为方式与交往关系结构的公正性”[3]，它包括制度设计的公正和制度运行的公正。实现社会公正，根本还要靠制度。制度公正建设是时代发展的要求，更是人的发展的要求。制度公正建设对于杜绝目前存在的道德缺失现象以及保证政治发展的社会主义方向，具有重要的现实意义。

习近平指出：“我们将以保障和改善民生为重点，促进社会

---

① 《中共中央关于全面深化改革若干重大问题的决定》，《人民日报》2013 年 11 月 16 日，第 1 版。

② 〔晋〕傅玄撰，刘治立评注：《〈傅子〉评注》，天津古籍出版社 2010 年版，第 82 页。

③ 高兆明：《制度公正论》，上海文艺出版社 2001 年版，第 30 页。

公平正义，推动实现更高质量的就业，深化收入分配制度改革，健全社会保障体系和基本公共服务体系”①，可见，深化收入分配制度改革是当前推动我国制度公正建设的重要方面。我国现行的分配制度在很多方面存在问题，一定程度上抑制了人的积极性。因此，我们必须积极进行制度公正建设，用公正的制度提升、完善人的主体性，为人的发展和构建和谐社会提供制度保障。要实现收入分配的公平公正，就要积极发挥税收在缩小收入差距方面的调节作用，通过税制改革缩小收入差距。此外还要积极进行各个领域的制度公正建设，从多个角度为制度公正建设提供现实对策。

（三）进一步完善监督机制

社会公正在一定意义上说，就是公权力的公开、透明、合理行使。公权力来源于人民，必须对人民负责，受人民监督，所以要让权力在阳光下运行。加强对权力的监督，需要有效的监督机制。首先，各级党政干部要认真贯彻执行党的方针政策，牢记“公则无不明，正则无不达”② 的古训，依法从政，公正办事，自觉接受社会各界的监督。其次，要进一步发扬民主，加强公众对政府行政的监督力度。改革开放以来，随着我国公民社会的逐步成长，公民和社会团体对行政行为是否公平、公正、合理，有无越权、侵权等行为过失越来越具有发言权。因此，必须进一步改革和完善信访、举报等制度，畅通公民监督渠道，切实保障宪法

① 《习近平谈治国理政》，外文出版社 2014 年版，第 347 页。

② 《王阳明全集》。

赋予公民的批评、建议、检举、申诉、控告等权利。再次，要充分发挥新闻舆论的监督作用。媒体作为维护社会公共利益的最后一道防线，应该承担维护社会公平正义、监督行政行为的社会公益职能，既要从正面弘扬真善美，高扬社会正气，又要把社会中各种损害公众利益、破坏社会公平正义的丑恶行为揭露出来。

第三节　统筹兼顾　协调发展

统筹兼顾、协调发展是社会建设的重要理念和方法，它蕴含着深厚的历史积淀和丰富的思想内涵，是一种独具中国特色的关乎全局的综合性思想方法。

党的十八大以来，我国在党的领导下协调推进“四个全面”战略布局，坚持统筹国内国际两个大局，毫不动摇坚持和发展中国特色社会主义，社会主义建设事业取得了新的重大成就。在实现中华民族伟大复兴的征程中，我们要继续统筹协调好各方面利益关系，促进经济社会协调发展。

一、统筹协调：社会建设的重要思想方法

统筹协调是当代社会建设的重要思想和方法。统筹，意为统揽全局，统筹规划；协调，意为和谐一致，配合得当。在社会建设中，所谓统筹协调，就是总揽社会建设中的各种要素，妥善处理社会建设中的重要关系，着力形成平衡发展结构，推进社会建

设的各个环节、各个方面协调发展。

首先，统筹协调是中国传统文化中一项重要的社会建设智慧。把土地开垦和城市建设统一协调起来，是管子统筹城乡发展的神来之笔。协调人与自身、人与人、人与社会、人与自然的关系，促进社会和谐发展，是儒家文化的基本精神追求。

其次，统筹协调是重要的思想方法，也是重要的工作方法。毛泽东在《党委会的工作方法》一文中要求，各级领导干部要学会弹钢琴，十个指头都要动，不能有的动，有的不动。弹钢琴就是讲统筹协调，统筹协调好，才能奏出美好的乐章。邓小平指出，两手抓，两手都要硬，发展才是硬道理，讲的也是统筹协调的问题。

最后，统筹协调是一种全局性思维方式。统筹协调是对局部的超越，是对大局的谋划。只看到眼前而看不到长远，只注重局部利益而忽视全局利益，肯定做不好社会治理和社会建设工作，还可能对社会建设的整体性和连续性造成破坏。

二、 统筹协调的文化渊源

统筹协调方法突出“发展”“整合”等新理念。中国传统文化中的“中庸”“天人合一”“和谐”“大同”等概念都蕴含着统筹协调的思想方法。我们所熟知的田忌赛马、丁谓施工等故事，反映的就是中国古人统筹协调的智慧。

（一）中庸与和谐

儒家的中庸之道主张在对立因素的折中中实现协调。孔子把中庸作为德性要求，反对在行为上走极端。中庸的精髓有两个基本点：一是过犹不及。孔子认为，“过”和“不及”都不符合中庸的理念，强调要适中、适度、恰如其分；凡事都要有个“度”，把握“度”才能把握事物的性质。这是中庸的基本要求。二是和谐。在齐鲁思想家看来，统筹协调的实质就是和谐。

“和谐”一词较早出现在《管子·兵法》篇中：“畜之以道，则民和；养之以德，则民合。和合故能谐，谐故能辑，谐辑以悉，莫之能伤。”意思是说，用“道”养兵，士兵就能和睦；用“德”养兵，士兵就能团结。和睦团结就能协调，协调就能一致，协调一致就能无敌于天下。

“和”是不同的或对立的成分因素之间的相互协调，它既是宇宙万物的特征，也是人们立身处世应遵循的原则和应追求的目标。《礼记·中庸》言：“和也者，天下之达道也。”“和”与“中”是中庸的两个基本点，“中”是“和”的要求，“和”是“中”的目标；达到“中”的要求，事物的总体才能和谐。可见，在儒家看来，中庸作为人们认识和处理问题的方法，就是用“无过”“无不及”的最恰当的行为去得到最好的效果，这和社会主义现代化建设中统筹协调的思想是一致的。

（二）天人合一

天人合一思想代表了中华文化的高远境界，为社会建设和生态建设提供了重要思想基础。但是，现代提出的统筹协调思想，并非是对天人合一思想的简单复制，而是批判吸收了天人合一思想中的协调思想，并进行了现代意义上的创造性转换。传统的协调思想是一种经验综合性思想，具有朴素直观的特点。现代视域下的统筹协调思想，是站在新世纪的高度，充分吸取古今中外优秀社会建设成果基础上理论创新的结果。统筹协调方法的提出，充分体现了中国共产党人对以系统科学为代表的新科学思维方式的尊重和创造性运用。

（三）社会整合

社会整合是指对社会的经济、政治、文化等各项事业进行通盘考虑，以发挥整体优势。春秋时期，为了使齐国国力尽快壮大，管子对国家的经济、政治、法律、文化等方面进行了深入研究和系统性整合，建立了一整套谋求社会和谐的治国之策，齐国迅速实现了社会稳定、经济繁荣和文化进步。管子的社会整合思想，对解决当今中国社会建设中存在的各种问题，具有十分重要的启示意义。

在此，我们考察一下管子从增强国家综合实力着手，对相关行业进行整合的具体做法。其一，管子特别强调农业的基础地位，把农业生产和物质财富的积累看作一切国家事务的基础。其二，为了保证农业能够丰收，他诉诸行政手段，要求为政者必须以春耕、夏耘、秋收、冬藏四时之务为本，不能干扰农业生产，要为农民服务，并在发展农业的基础上搞好粮食储备。其三，在农业丰收、百姓衣食充足后，进行道德礼仪教化，发展教育事业。其四，在国家财力充足、其他国家百姓前来投靠时，全力做好外来人口的管理工作，让外来人口更好地繁荣商业，并进一步促进农业发展。其五，当国家有了影响力，发展商业特别是“国际贸易”尤为重要，管子对此也高度重视。遵照这样的行业整合思路，管子获得了成功，促进了齐国经济的繁荣，并很快使齐桓公成为春秋时代第一个霸主。

三、 统筹协调的创造性运用

（一）推进中国的全面改革需要统筹协调

协调推进我国的全面改革，既要借鉴中国历史上统筹协调的传统经验，又要用马克思主义关于发展的有机整体论、交互作用论、合力论等来指导我们的行动。统筹协调不仅是一种新的发展理念，也是推动科学发展的有效方法，更是有效解决当下发展短板问题的治本之策。习近平强调指出："下好'十三五'时期发展的全国一盘棋，协调发展是制胜要诀。"① 今后的改革要在经济、政治、社会、文化等方面协调推进，需要顶层设计和总体规划。这是因为，改革开放以来，一方面，我国经济社会发展成就显著；另一方面，城乡发展、区域发展、物质文明与精神文明发展出现了不平衡的问题。"全面"要求我们加大对落后地区的政策支持，优化结构，以协调发展的理念推进社会发展进步。我们的改革是综合改革，每一项改革措施都需要进行相关的配套改革；只有各项相关改革协调推进，才能取得"双赢""共赢"效果。各项改革正因为相互关联，所以决不能各自为政。协调发展需要我们将各项改革发展举措综合思量、协调配合，从而形成美妙的"协奏曲"。

（二）做到经济与生态、人类与自然的协调发展

中华文明源远流长，儒、释、道三家本着天人合一、依正不

---

① 《聚焦发力贯彻五中全会精神　确保如期全面建成小康社会》,《人民日报》2016 年 1 月 19 日,第 1 版。

二、道法自然的自然观，追求人与自然的和谐。习近平总书记对马克思关于生产力和生态关系的观点进行了进一步深化，他指出，“要正确处理好经济发展同生态环境保护的关系，牢固树立保护生态环境就是保护生产力、改善生态环境就是发展生产力的理念”①。这一观点进一步揭示了保护生态环境与发展生产力之间的统一性，是对我国生态文明建设理论的重大丰富和发展。中共中央在“十三五”规划建议中提出“绿色”发展理念，指出要“坚持绿色富国、绿色惠民，为人民提供更多优质生态产品，推动形成绿色发展方式和生活方式，协同推进人民富裕、国家富强、中国美丽”②，这一目标要求我们必须构建生态文明建设的坚实基础。为此，在社会建设中，一方面，要不断发展生态经济，推进绿色产业发展，节约有限的自然资源，保护城乡生态环境；另一方面，要以节约为基本原则，倡导绿色消费、循环消费，崇尚精神和文化的享受。要因地制宜选择发展产业，让绿水青山充分发挥社会经济效益，切实做到经济效益、社会效益、生态效益同步提升，实现百姓富、生态美有机统一的美好愿景。

（三）实现国家硬实力与软实力的协调发展

一个国家的综合国力可分为有形力量与无形力量，或者称硬实力与软实力，国家“硬”“软”实力的强弱及两者间的协调程度决定着国家的命运和未来。在“十三五”时期加快实现国家硬实力与软实力的协调发展，加快建设文化事业，不断丰富人民群

---

① 《习近平谈治国理政》，外文出版社 2014 年版，第 209 页。

② 《中共中央关于制定国民经济和社会发展第十三个五年规划的建议》，《人民日报》2015 年 11 月 4 日，第 1 版。

众的精神文化生活，提高人民群众的整体素质，要求我们积极培育和践行社会主义核心价值观，发挥其在社会主义建设中的精神引领作用。习近平在阐述核心价值观与文化软实力的关系时强调指出：核心价值观是文化软实力的灵魂，一个国家的文化软实力，从根本上说，取决于其核心价值观的生命力、凝聚力、感召力。[①] 为此，我们应抓住当前发展的重要战略机遇期，积极培育和践行社会主义核心价值观，使我国的“硬”“软”实力协调提升，推进社会主义现代化建设事业实现跨越式发展。

① 《习近平谈治国理政》，外文出版社 2014 年版，第 163 页。

第二章

德主刑辅——社会建设的基本方式

德主刑辅是中国传统的国家治理和社会建设的基本方针，这一方式的确立经历了一个曲折的发展过程。从西周时期的“明德慎罚”到孔子的“为政以德”，再到董仲舒综合孔子、孟子、荀子等人思想并汲取秦朝灭亡教训，明确提出德主刑辅的主张，德主刑辅最终在汉代被统治者确立为国家治理和社会建设的基本方针。可以说，德主刑辅体现了中华民族治本和治标相结合、综合治理社会问题的智慧。德主刑辅思想对两千多年的中国传统社会乃至今天的社会主义现代化建设，都产生了巨大而深远的影响。

第一节　道之以德　德主刑辅

中国传统文化是一种崇尚道德的文化，把道之以德、德主刑辅作为社会建设的基本方针有其必然性。道之以德、德主刑辅，这是中国几千年来社会建设基本经验的总结。在社会建设上，要注重道德的导引作用，这种作用反映到制度层面即是德主刑辅的制度设计。

一、道之以德，明德修身

道德依赖社会舆论、风俗习惯和内心信念，引导和规范人的思想行为，调节个人与他人、个人与社会以及个人与自然的关系。道之以德体现了对人性尊严的尊重。和法律相比，道德的优越性在于，它能够催化出人们内心的向善意识，使人们在道德规范和社会伦理机制的作用下，形成内在的道德力量。这种力量促使一个人把他人融入自己的生命活动，把社会的需求作为自己行动的指南，同时又把实现自我价值与实现社会价值有机统一起来。

（一）道之以德的含义

道之以德是儒家关于社会建设的重要思想。孔子指出：“道之以政，齐之以刑，民免而无耻。道之以德，齐之以礼，有耻且格。”[①] 这里的“道”即“导”，有引导、诱导的意思；这里的“格”，杨伯峻先生在《论语译注》中将其解释为“人心归服”。孔子的意思是说，用政令来引导民众，用刑罚来整顿民众，这样民众可能不会触犯法律，却不会有廉耻之心；如果用道德引导民众，用礼教来整顿民众，民众不但有廉耻之心，而且会真心归服。春秋时期季康子与孔子曾就导民从善问题进行过讨论：

季康子问政于孔子曰：“如杀无道，以就有道，何如?”孔子对曰：“子为政，焉用杀？子欲善而民善矣。君子之德风，小人之德草。草上之风，必偃。”[②]

针对季康子的问题，孔子提出了自己的看法，治理社会为什么要用杀戮？为政者如果善良，百姓自然会善良。这充分反映了儒家在社会治理和建设上坚持道之以德的坚定信念。孟子进一步发展了孔子道之以德的思想，认为“以力服人者，非心服也，力不赡也；以德服人者，中心悦而诚服也”[③]。为政者以强力进行社会管理，大众虽然慑于淫威被迫服从，但不会心服；只有以德待人，大众才会口服心服。可以说，儒家道之以德的社会建设主张所致力的是一种积极稳妥的社会管理办法，即通过为政者的道德引导和以身作则，产生一种使人“心服”的力量，从而使政治措

① 《论语·为政》。
② 《论语·颜渊》。
③ 《孟子·公孙丑上》。

施顺利在社会中推行。

（二）道之以德作为社会建设重要原则的依据

其一，德是对天道的效法，这是儒家的道德观。古人的生活对自然界的依赖性很大，因而人们具有从自然界中寻求活动根据的思维倾向。“巍巍乎！唯天为大，唯尧则之”[①]，在孔子看来，尧的伟大正在于他能以自然为准则。中国古人对自然界充满敬畏，把天视为生活世界的主宰力量，同时把天人关系理解为具有同构性的合一关系。因而，天在中国古人那里就成了具有义理意义和道德属性的存在，人们进而认为人的价值追求源于天道，人的精神就是对天地精神的效法。这种以主体精神效法天地的思想，就通过“民”这一人的最大集合、国家社会的价值主体，和天建立了一种对应关系。一方面，民的需求反映了天的要求；另一方面，天所看到的来自于民所看到的，天所听到的来自于民所听到的，即“天视自我民视，天听自我民听”[②]。于是，遵从天就必然遵从民，国家治理、社会建设的目的就是要“安百姓”。道之以德，实质上也就是以保民爱民的方式执政，这就是民本主义的政治哲学。

其二，人皆可为圣贤，这是儒家的人性观。儒家在社会治理上坚持道之以德，其本质是对人的向善性的认可。对人性问题，孔子提出了“性相近也，习相远也”[③] 的基本看法，认为道德高尚者与普通人之间不存在不可逾越的鸿沟，每个人都有通过提高

① 《论语·泰伯》。
② 《尚书·泰誓》。
③ 《论语·阳货》。

修养和不断教化而成为圣贤的可能性。孟子在《孟子·告子上》中进一步提出了性善论，他说：

恻隐之心，人皆有之；羞恶之心，人皆有之。恭敬之心，人皆有之；是非之心，人皆有之。恻隐之心，仁也；羞恶之心，义也；恭敬之心，礼也；是非之心，智也。仁义礼智，非由外铄我也，我固有之也，弗思耳矣。

人先天就有恻隐之心、羞恶之心、恭敬之心、是非之心四个善端，并由此而生出仁、义、礼、智四种道德，把它发挥出来就是善行善德。孟子认为“人皆可以为尧舜”[①]，如果人们都能把天生的善心扩而充之，那么人人都可以成为像尧舜那样的圣人。虽然荀子也承认“涂之人（普通人）可以为禹”，但孟子的“性善论”是从德性上对人的本质进行规定和肯定，认为人与动物的本质区别就在于人有道德。显然，孟子的“性善论”是中国社会德治理论的前提与理论基础，它在中国历史上形成了巨大的精神力量，使得“自天子以至于庶人，一是皆以修身为本”，无数仁人志士也把理想目标定位在做“富贵不能淫，贫贱不能移，威武不能屈”的“大丈夫”上。这种主体的德性力量，提升了民族的道德境界。

（三）道之以德的基本做法及其启示

其一，崇德。崇德修身无论对个人还是对整个国家都具有极

① 《孟子·告子下》。

其重要的作用。正如习近平所指出的："道德之于个人、之于社会，都具有基础性意义，做人做事第一位的是崇德修身。"[①] "崇德"二字出自《尚书·武成》，书中有"惇信明义，崇德报功，垂拱而天下治"之句，意思是只要尊崇有德行的人，酬报有功劳的人，天下就会在垂衣拱手之间得到治理！人无德不立，国无德不兴。那么，崇德的内容有哪些呢？在孔子看来，"主忠信，徙义，崇德也"[②]，能够做到忠诚信实、唯义是从，这就是崇德的基本内容；通过修身，努力在道德上做到忠信、正义，便是崇德的必然要求。在当今的社会建设中，要大力开展崇德向善教育活动，营造浓厚崇德氛围，尤其应当把培育和践行社会主义核心价值观的工作做得更细、更实、更深入人心，坚持知行合一、行胜于言，在落细、落小、落实上下功夫。"道不可坐论，德不能空谈。于实处用力，从知行合一上下功夫，核心价值观才能内化为人们的精神追求，外化为人们的自觉行动。"[③]

其二，教化。儒家的德治理想，即是以教化代替政治。"善政，民畏之；善教，民爱之。善政得民财，善教得民心。"[④] 在儒家的政治设计中，教化是将国家政治理念推行于社会大众、应用于社会治理、融入民心民生的根本途径。儒家希望教行迁善，最终达到社会至善。儒家的教化思想，对我国数千年的政治、教育、文化产生了广泛而深远的影响，尽管其最终目的还是维护统

---

① 《习近平谈治国理政》，外文出版社 2014 年版，第 173 页。

② 《论语·颜渊》。

③ 《习近平谈治国理政》，外文出版社 2014 年版，第 173 页。

④ 《孟子·尽心上》。

治阶级的统治地位，但其蕴含的光明、正义、真善的内容，仍值得我们大力弘扬。儒家对官风与国运的内在联系给予了精辟阐述，例如道德沦丧、国将不国，为政者有德则国兴、失德则国亡，国家权力应由品德高尚之人执掌，欲施德政必先“正百官”、立官德，抓道德教育首先要抓官德教育等，这些论述和做法对今天加强党风廉洁建设具有借鉴意义。

其三，示范。“三人行，必有我师焉。择其善者而从之，其不善者而改之”①，对孔子的这一思想，我们不能仅在治学层面理解，其实它揭示了人与人之间普遍相互影响的道理，我们应该自觉将其运用于社会建设。古代的榜样示范教育蕴含在政治、经济、文化等活动之中，深入到社会建设、家庭教育、学校教育、个人修养等层面，既有自上而下、上行下效的宣教活动，也有民间组织的自发学习、互帮互教活动。“其身正，不令而行；其身不正，虽令不从”②，揭示了社会各领域中广泛存在的上对下的示范作用；“为政以德，譬如北辰，居其所而众星共之”③，强调的是为政者成为仁义的表率，就会感化和引导民众，赢得百姓支持；“里仁为美。择不处仁，焉得知”④，体现了对日常生活中环境因素的重视。在历史上，经过历代执政者的大力倡导和民间的积极响应，中国逐步形成了极具中华民族特色的榜样教育体系，这种体系对后世的社会建设影响深远。虽然在历史上，榜样示范

① 《论语・述而》。
② 《论语・子路》。
③ 《论语・为政》。
④ 《论语・里仁》。

起到了引领社会风气、稳定社会秩序等积极作用，但它也有着很大的历史局限性。从封闭走向开放，从农耕时代走向信息时代，今天的我们要理性看待中国历史上的榜样，把传承和创新结合起来，既为新时期的榜样示范教育提供历史文化滋养，又要赋予榜样示范以鲜明的时代特色。

二、 德主刑辅， 宽猛相济

德治与法治一样，都是一种制度性的社会治理方式。齐鲁文化中的德主刑辅，是其道之以德思想的必然反映，是顺应历史发展的经验总结，是中华民族优秀的文化遗产。儒家所提倡的德主刑辅思想，其“德”是一种教化，即是告诉人们应该怎样和不应该怎样的一种思想观念和行为准则；“刑”是刑罚，是对破坏社会秩序、危害国家统治的犯罪分子的惩罚手段。概括起来说，德主刑辅思想的主要内容有：坚持以仁为本、重视道德教化、主张宽猛相济、提倡刑罚适中。

（一）儒家德主刑辅思想的形成

其一，继承前人施政重德的思想传统。从上古时期的黄帝、唐尧、虞舜，到夏商周时期的夏禹、成汤、武丁、周文王、周公等，其治国都是一种以德为主的“德主”模式。西周是古代中国礼制的创立时期。为了适应礼制的需要，周公将“以德配天”贯彻到法律领域，提出了“明德慎罚”的治国方针。周公的“明德慎罚”思想是中国古代德主刑辅思想的历史发端，成为历代统治者和思想家构建治国方略的历史依据。

其二，形成以“守国之度，在饰四维”为核心的社会建设思想。管子认为，在社会治理上德与法不可或缺。一方面，管子高度重视道德的力量，突出强调礼义廉耻四种道德在社会建设中的作用。他指出，“四维不张，国乃灭亡”，“守国之度，在饰四维”，“一维绝则倾，二维绝则危，三维绝则覆，四维绝则灭”。[1]另一方面，管子强调德与法的结合。《管子·小匡》记载，齐桓公向管子请教治国之策，管子答道：

> 昔吾先王周昭王、穆王世法文武之远迹，以成其名。合群叟，比校民之有道者，设象以为民纪、式美以相应，比缀以书，原本穷末。劝之以庆赏，纠之以刑罚，粪除其颠旄，赐予以镇抚之，以为民终始。

意思是说，从前周昭王和周穆王效法文武二王的光辉事迹，最终成就一番功业。他们集合年高有德的老人，考察百姓当中表现好的，立典型以为规范；准备有格式的表券，将优秀典型的事迹原原本本地记录下来；然后用赏赐劝勉好的，用刑罚纠正坏的，治理百姓始终如一。从这段话中可以看出，管子高度重视道德在社会治理中的作用，并特别强调德与法的结合。

其三，孔子形成了德主刑辅的系统思想。一方面，以德教为主。春秋以降，“礼崩乐坏”，孔子力倡“为政以德”。他对郑国执政者子产“宽猛相济”的为政之见颇为赞许：“政宽则民慢，

---

① 《管子·牧民》。

慢则纠之以猛。猛则民残，残则施之以宽。宽以济猛，猛以济宽，政是以和。”① 他主张依靠礼义道德的力量来实行统治，反对以力服人，认为百姓有过失，罪不在他们，是居上位者没有对他们施以有效教化。所以孔子讲：“不教而杀谓之虐”②，将“不教而杀”视作恶政。另一方面，发挥刑罚的辅助作用。在德治与法治的关系上，孔子并不否认刑罚的作用。“君子怀刑，小人怀惠”③，孔子主张，君子在治理国家时应当关心法度。据《孔子家语·刑政》记载，孔子认为：“化之弗变，导之弗从，伤义以败俗，于是乎用刑矣。”就是说，当民众不接受道德教化和道德引导时，就要对他们动用刑罚。所以，孔子也反对把德教作用夸大化，主张德教措施与法律手段配合使用。此外，在终极旨归上，孔子主张“以德去刑”，寄希望于通过道德教化最终取消刑罚。“善人为邦百年，亦可以胜残去杀矣”④，用礼教德化治理国家社会乃百年大计，久久为功，最终可以废除刑罚杀戮。有鉴于此，孔子提出了“无讼”思想。

（二）儒家德主刑辅思想作为社会建设方略的历史实践

西汉初期的思想家和执政者，继承先秦儒家社会建设的基本思想，将法治与德治结合起来，以儒入法，儒法结合，把德主刑辅确立为国家治理和社会建设的重要方略。这其中，贾谊发挥了重要作用。他在深刻反思秦朝灭亡教训的基础上，明确提出了

---

① 《左传·昭公二十年》。
② 《论语·尧曰》。
③ 《论语·里仁》。
④ 《论语·子路》。

“爱民”“惠民”等施政主张，认为象征“仁义恩厚”的“芒刃”（解牛中对付枝节之处的利刃）和象征“权势法制”的“斤斧”（解牛中对付髋髀之所的斧头）是不可缺少的治理工具，社会治理和建设应遵循德礼为本为主、刑罚为末为辅的原则，做到“芒刃”和“斤斧”结合使用。据《汉书·董仲舒传》记载，继贾谊之后，新儒董仲舒建议汉武帝“推明孔氏，抑黜百家”，强调“阳为德，阴为刑”，主张“先德而后刑”“大德而小刑”，完成了以儒入法、以儒率刑的理论建构，最终确定了“德主刑辅”的历史地位。可以说，儒学统治地位的确立，对后来中国的国家治理和社会建设产生了重大影响。

其后，德主刑辅思想在魏晋、隋唐时期获得了进一步的发展，到宋明时期渐占主导地位，有关德与法关系的理论更加成熟；清代更是进一步主张德法并行、“相须为用”；民国初期尽管十分强调法治，但德主刑辅的思想仍然在现实中延续。

（三）德主刑辅思想及其历史实践的当代启示

齐鲁文化中的德主刑辅思想及其历史实践，具有重德轻法的一面，这导致法律在社会治理和建设中，没有很好地起到维护社会公平与正义的作用，这是德主刑辅思想的历史局限。但是它对道德作用的高度重视以及把德治和法治结合起来的思想与实践，对我们今天的社会建设无疑具有启示意义。

首先，加强公民道德建设，增强法治的道德底蕴。在德主刑辅思想的漫长发展过程中，不同思想家对它的理解和具体主张虽然各异，但在崇尚道德特别是强调为政者要加强德性修养上，具有相当一致的共识。为政者不但要施行仁政，还应通过正己修德、严于律己起到表率作用，成为人民大众的楷模。为政者只有恪尽职守，率先遵礼守法，充分履行道德责任，才能达到上行下效的良好社会效果。我们党提出要“加强公民道德建设，弘扬中华优秀传统文化，增强法治的道德底蕴”①，这就告诉我们，当代中国的社会建设必须以德治作为依托，促进法治建设是国家治理的基本要求和国家发展的必然方向。

习近平要求，各级领导干部都要树立和发扬好的作风，既严以修身、严以用权、严以律己，又谋事要实、创业要实、做人要实，即做到“三严三实”。“三严三实”是中华传统美德的一种现代表达。作为德治内容的“三严三实”与法治内容形成了良性互补互动关系，践行“三严三实”是以德治方式促进法治建设不可或缺的重要途径。作为道德性规范的“三严三实”，对人们行为发挥着教化、引导和约束作用，能够使法律获得应有的道德力量，最终实现以德治促进法治的目的。

其次，增强道德建设的实效，关键要解决好制度安排问题。制度理性应该成为社会理性、职业理性的代表，使个人对社会秩序、职业秩序的遵守获得制度性支持。进一步说，制度安排只有科学合理，才能从根本上调动人们追求道德的积极性。我们要根据现实的道德精神，积极推进制度设计和制度安排，唯此，那些唤醒人的道德存在的社会理性才能迅速地发育和成长。例如，大学生对在图书馆占座现象深恶痛绝，但仅仅是道德批评难以有效

① 《党的十八届四中全会〈决定〉学习辅导百问》，党建读物出版社 2014 年版，第 20 页。

杜绝这种现象。山东大学引入图书馆座位管理系统，通过离座刷卡、违章处罚等制度安排，有效解决了这一问题。可见，道德建设必须以恰当的制度安排为前提，只要有了适宜道德生成的制度，社会生活就会洒满道德的阳光。

再次，社会建设要处理好德治与法治的关系。道德是法律所追求的目标，而法律是道德实现的手段，二者必须相互结合，各尽其用，不能偏废。在坚持依法治国的同时，必须注重道德治理，实行法治与德治并举。依法治国虽然强调法律至上的理念，但这并不意味着法律是万能的。法律运作有时滞性、非全真性、不周延性、外部性、形式性等弊端，而道德治理则具有不可替代的独特作用。一方面，要注重对社会成员的道德教化，提高广大群众的道德素质，从而使每个人都能够抵恶从善，增强遵纪守法的内在动力；另一方面，要不断健全和完善中国特色社会主义法律体系，使社会主义经济建设、政治建设、文化建设、社会建设、生态文明建设依法而行，从而做到既彰显道德“柔”的优势，又发挥法律“刚”的作用，刚柔并济，促进社会稳步发展。

总之，建立法治与德治相统一的社会治理和建设模式，是一项合乎历史进步潮流的事业。我们在社会建设实践中，要把法治与德治紧密结合起来。正如习近平总书记强调指出的，在新的历史条件下，我们必须坚持依法治国和以德治国相结合，使法治和德治在国家治理中相互补充、相互促进、相得益彰，推进国家治理体系和治理能力现代化。

第二节　齐之以礼　礼让为国

儒家认为，德治的实现方式是施行礼制，礼制是德治的制度依托。所谓礼制，就是在社会建设中，把道德和法律的要求具体化为各种各样的礼，通过对礼的推行，达到规范社会秩序、保持社会良性互动的目的。这是儒家社会建设智慧的重要体现。荀子认为："礼者，政之挽也。为政不以礼，政不行矣。"① 礼是政治的引导，国家治理和社会建设不用礼，政令就不能实行。在当代中国的现代化建设中，让"有礼"成为社会、家庭和个人的自觉行为，让"礼制"成为德治与法治的得力辅助，是一项具有积极意义的工作。

一、礼者理也，制礼而分

（一）礼是依据一定的道德要求制定的准则

何谓"礼"？"礼也者，理也。"② 显然，将礼与理等同，是中国古代伦理思想中的一个基本共识。因此，以"理"释"礼"，也就意味着道德规律、道德原则是"礼"内在的本质规定，任何的仪节、礼仪甚至制度都应当是特定的道德价值的体现。简而言

---

① 《荀子·大略》。
② 《礼记·仲尼燕居》。

之，礼是依据一定的道德要求制定的准则，是维护宗法血缘关系和等级制度的一系列精神原则和言行规范的总称。

礼的合理性和实用性等特性，决定了用礼进行社会建设具有有效性。一方面，礼具有内在合理性。正所谓“礼以顺天，天之道也”[①]，据“理”制“礼”，制“礼”以“分”，才能使社会不同阶级和阶层各有所得，各安其分。另一方面，礼具有实用性和可操作性强的优点。礼是一种生活化、可操作的具体规范，日常行为是否合乎礼可以得到明确的衡量和检验，正所谓：“礼之于正国也，犹衡之于轻重也，绳墨之于曲直也，规矩之于方圆也。”[②] 礼是人类社会的衡、绳墨和规矩，是衡量人们情感和行为的基本依据。

（二）礼在社会建设中的作用方式

一是建立一套民众乐于接受的有益于道德建设的礼的观念、制度和规则。从内在层面上看，儒家强调礼的本质精神是敬。“礼者，敬而已矣”[③]，礼的最高境界是人发自内心的修养。从社会层面上看，礼是建设社会的一套系统化、制度化的规范。统治者通过制定合理的典章制度和规范，使民众拥有从事政治活动和社会活动的基本遵循，使社会获得持续发展。在人与人关系的层面上，儒家将夫妇、父子、兄弟、君臣、朋友等五种人类社会最基本、最恒久的伦理关系称为“五伦”，要求做到“父子有亲，君臣有义，夫妇有别，兄弟有序，朋友有信”，并为此制定了相

---

① 《左传·文公十五年》。
② 《礼记·经解》。
③ 《孝经·广要道》。

应的礼仪规范，供民众践行。儒家还提出了一套针对个人修养与行为的规范要求，如“温良恭俭让”等，要求人们懂得谦虚自守、恭敬待人。由此，儒家通过对礼的设计和推行，来引导和规范人们追求道德的生活。

二是依据“礼”的规定和内容形成一套系统而完整的程序，即“仪”。“仪”通常指的是具体的行为规范，如容貌、举止、风度、措辞等。《诗经·大雅·烝民》言：“令仪令色，小心翼翼。”此诗是对具有悦人仪表、娇好面容、得体举止之人的赞美，说明美好之“仪”能够给人带来愉悦的感受。所以，注重“仪”教是中国古代教育的一大特色。根据《周礼》的记载，中国古代即有祭祀、宾客、朝廷、丧纪、军旅、车马等“六仪”，这些都是古代绅士教育的基本内容。

“仪”是“礼”的一种重要表现形式。内在的“礼”只有以外在的美的形式表现出来，才是真正的“礼”；礼和仪只有完美结合，才是完整的礼仪。“仪”的一个重要功能就是为人们确立各种行为模式，并且通过这些行为模式彰显伦理道德。中国古代社会根据不同场合的需要，设置了吉礼、凶礼、军礼、宾礼、嘉礼等“五礼”，其中“以吉礼事邦国之鬼神祇”，“以凶礼哀邦国之忧”，“以宾礼亲邦国”，“以军礼同邦国”，“以嘉礼亲万民”。[①] 名目繁多的“礼”对人们在特定场合的行为细节即“仪”都有具体的规定。“礼”需要通过“仪”的形式表现出来：一方面，“仪”使“礼”变为可操作的行为规则，使人们在遵守“礼”时

① 《周礼·春官·大宗伯》。

有了明确的指南；另一方面，“仪”也使人们的行为模式化、固定化，并促使人们在这种模式化、固定化的行为活动中践行社会的伦理道德。

二、 安上治民， 莫善于礼

“讲信修睦，尚辞让，去争夺，舍礼何以治之?”① 礼在社会建设中的作用，大致可归结为如下三个方面。

（一）提升人的道德

在先秦儒家看来，作为行为规范的礼，其根本作用在于使人“知自别于禽兽”②，从而过上有廉耻心的、德性自觉的人的生活。儒家认识到，人的自觉性对于提升其社会道德具有根本作用，同时礼作为激发和规约人道德自觉的外在力量，能够引导人们心悦诚服地遵守社会秩序。相反，人如果缺失了礼，或礼的作用不能很好发挥，他的向善之心就不会被调动出来，从而也就会失去其为人的基本品质。故而《礼记·礼运》告诫说：“礼义也者，人之大端也”，“故坏国、丧家、亡人，必先去其礼”。为此，孔子主张，人们要严格依照礼制来规范自己的言行，做到“非礼勿视，非礼勿听，非礼勿言，非礼勿动”③。

（二）促进社会安定

“安上治民，莫善于礼”④，安定社会、治理百姓，没有比用

---

① 《礼记·礼运》。
② 《礼记·曲礼》。
③ 《论语·颜渊》。
④ 《孝经·广要道》。

礼更好的办法。首先，礼使人们有序生活。《礼记·经解》言："发号出令而民说（悦），谓之和"，儒家希望通过合理而巧妙的礼制构建来实现社会的和谐进步，其智慧值得今天的我们借鉴和吸收。经过历代执政者和儒家学派不断建构的礼，形成了一整套人们在社会生活各领域必须恪守的准则，成为世代中国人的生活方式和行为标尺，成为维护社会安定的重要力量。其次，礼不仅是传统美德，而且是极富人性化特色的管理理念，是进行社会治理和建设的有效手段。再次，礼是人类文明的表现形态之一，它除了在社会生活中发挥制度职能，还在人际交往领域发挥着重要作用。这就要求人们在社会政治生活和日常生活中，在人与人、地区与地区、国家与国家的交往中，讲礼貌、讲礼节、讲礼仪。讲"礼"是人类社会健康发展的必然要求，我们应继承和弘扬儒家优秀的"礼"文化传统，推动社会主义市场经济健康、有序、文明发展。

（三）凝聚国家力量

礼是文明的标志，是和谐的象征。一个上下明礼的国度，一定有着强大的凝聚力。《荀子·大略》中指出："人无礼不生，事无礼不成，国家无礼不宁。""君臣不得不尊，父子不得不亲，兄弟不得不顺，夫妇不得不欢。"在荀子看来，国无礼不正，"为之则存，不为则亡"[①]，实行礼制国家就存在，不实行礼制国家就灭亡。

《左传·闵公元年》记载，鲁闵公刚继位时，齐桓公想趁鲁

① 《荀子·王霸》。

庄公去世而讨伐鲁国。他和大夫仲孙湫之间有段对话：

公曰："鲁可取乎?"对曰："不可，犹秉周礼。周礼，所以本也。臣闻之，国将亡，本必先颠，而后枝叶从之。鲁不弃周礼，未可动也。"

仲孙湫认为，鲁国局势看似有点乱，但它依然秉行周礼，将周礼视为治国之根本。国家在将要灭亡的时候，其根干会先动摇，而后枝叶也会随之败落。现在鲁国还没有废弃周礼，说明它还未到亡国之时。齐桓公听了，最终放弃了攻打鲁国的计划。连春秋五霸之首的齐桓公，都因鲁国秉行周礼而对其敬畏有加，足见礼在凝聚国力方面是一种多么巨大的力量！

三、 讲信修睦， 礼让为国

推行礼制，需要在全社会培植和弘扬礼的基本精神。那么，"礼"的基本精神是什么呢?《论语·学而》所提出的"礼之用，和为贵"，实际上高度概括了"礼"的根本精神，就是要求并倡导社会各个阶层的人们都按照"礼"的规范和谐相处。根据这一"贵和"的道德价值取向，儒家主张当个人与他人、个人与社会之间发生矛盾与冲突时，应采取宽容、谦让的态度。这样不但有利于建立和谐的人际关系和良好的社会秩序，也有助于整个社会形成强大的凝聚力。当然，儒家所主张的"和"并不是无原则的同一、调和，而是在一定条件和原则下的协和、融合。中华民族数千年来形成的讲信修睦、宽容礼让、谦恭善良、求同存异等道德传统，正是这种“贵和”的价值取向长期影响和积淀的结果。

（一）诚信精神

诚信是一切社会道德的基本前提，也是实现“礼”的基本前提。没有诚信，礼就是虚假的形式。因此，《礼记·礼器》载：“先王之立礼也，有本有文。忠信，礼之本也；义理，礼之文也。无本不立，无文不行。”先王制定礼，有根本又有文饰，忠信是礼的根本，义理是礼的文饰，没有根本，礼就不能成立。孔子认为周公是先秦倡导诚信的先驱，他主张通过“取信于民”来维护周天子的统治地位。孔子言：“信近于义，言可复也”[①]，即诚信与道义相近，说过的话要兑现。他极为反对不讲信用的做法，认为“人而无信，不知其可也”[②]。他认为人应该做到“与朋友交，言而有信”，做到“言必信，行必果”[③]。

诚信不仅是对个人品德的要求，它还贯穿于社会公德、职业道德、家庭美德等各项道德要求之中。随着时代的进步和社会的发展，人际交往的范围也逐渐扩大，只有在社会交往中讲诚信，陌生人和陌生人才能彼此信任，健康有序的公共生活才能实现。在职业活动中，职业诚信是职业道德的重要内容；职业诚信的缺失，不仅会造成直接的经济损失，而且会极大地损害社会风气。婚姻家庭生活中同样需要诚信。我国《婚姻法》第四条明确规定：“夫妻应当互相忠实，互相尊重。”无论是夫妻之间还是父母

① 《论语·学而》。
② 《论语·为政》。
③ 《论语·子路》。

与子女之间，诚信都是一项基本的道德要求。

（二）和睦精神

儒家提倡“和为贵”“和而不同”，注重人与人之间的和睦相处。家庭和美、邻里和睦、生活和谐、安居乐业是我们创建文明社会的理想追求。

我国传统文化历来注重邻里关系的和睦。《左传・隐公六年》有言：“亲仁善邻，国之宝也。”把善邻看作是国家之宝，这就从政治治理和社会建设的角度，把善邻提到了一个很高的地位。社会要实现良序和谐，自然离不开百姓生活的共同体的和睦。《论语・雍也》中载：“原思为之宰，与之粟九百。辞。子曰：‘毋！以与尔邻里乡党乎！’”原思当了孔子家的总管，孔子给他俸米九百，原思推辞不要。孔子让他不要推辞，如果有多的就分给邻里乡亲。可见，亲仁善邻、惠及邻里乡亲，正是孔子所倡导的。《孟子・滕文公上》有言：“乡田同井，出入相友，守望相助，疾病相扶持，则百姓亲睦。”在孟子看来，邻里乡亲如果能做到相互帮扶，百姓之间就会和睦。在此，孟子不仅谈到了善邻的价值意义，而且指出了邻里关系最重要的道德义务要求，这堪称是我国传统文化关于邻里关系的经典论述。

随着经济社会的发展和城市化进程的加快，邻里往来日渐减少，甚至出现了邻里关系日渐冷漠的倾向。鉴于此，青岛市积极搭建社区群众乐于参与、便于参与的活动载体，设立了“邻居节”。市北区从2004年以来连续举办“邻居节”，开展的“温情邻里”相知、“邻里守望”互助、“梦想援助”创业服务等特色活动，吸引了广大社区群众参与，促进了邻里联络，增进了邻里感情，弘扬了崇德向善、见贤思齐、守望相助的传统美德。

（三）礼让精神

礼治的实现，离不开人们发扬“刑仁讲让”的“让”德。在儒家看来，“让”是礼治的核心价值，是礼治所以可能的价值根基。《尚书·舜典》曰：“舜让于德，弗嗣。”《左传·襄公十三年》借君子之口明确表示：“让，礼之主也。”晏子谓桓子：“让，德之主也，让之谓懿德。”[①] 孔子言：“能以礼让为国乎？何有？不能以礼让为国，如礼何？”[②] 在这里，孔子何以礼、让并称？因为“让”者“礼”之质，无“让”则无“礼”。故晋文公直言：“废让，是废德也。”[③] 礼让精神的发扬应该从如下几个方面做起。

其一，要有辞让之德。“辞让之心，礼之端也”[④]，无辞让之心，礼便无“端”可生。辞让就是指在世俗的功名利禄面前能先人后己，退让不争。[⑤] 孔子言：“君子无所争。必也射乎！揖让而升，下而饮，其争也君子。”[⑥] 在射箭比赛中，君子虽有所“争”，但在比赛开始的时候会对立行礼，表示礼让；比赛中彼此并不会刻意关注胜负；比赛结束后对饮一杯酒，这正是人们所推崇的君子之争。

日常生活中，要有辞让之心。孔融让梨的故事大家耳熟能详。孔融小时候常和哥哥们一块吃梨，可令人奇怪的是，每次他

① 《左传·昭公十年》。

② 《论语·里仁》。

③ 《国语·晋语四》。

④ 《孟子·公孙丑上》。

⑤ 唐少莲:《儒家“让”德批判——兼及“让”德与和谐社会建设》,《道德与文明》2008年第5期。

⑥ 《论语·八佾》。

都是拿最小的。有一次，孔融父亲见了问道："你为什么总是拿小的而不拿大的呢?"孔融说："我是弟弟，年龄小应该吃小的，大的该让给哥哥吃。"孔融小小年纪就懂得相互礼让、团结友爱之理，令家人倍感欣慰。从此，孔融让梨的故事广为流传，这才有了传颂近两千年的《三字经》中的一段记载："融四岁，能让梨。弟于长，宜先知。"缺少了辞让，生活将会怎样？在当今的许多城市，交通拥堵严重与一些驾驶员素质低下不无关系，不少交通事故也是因缺少礼让、相互抢道造成的。如不礼让斑马线，为争先而见缝插针，长时间占用应急车道，这些都给交通秩序的维护带来巨大挑战。由此说来，礼让、守规体现的不仅是一种公民素养，更是世间大爱。

其二，要有谦让之德。谦让指为人处世能谦虚逊让。《周易·系辞下》言："谦者，德之柄也。"《尚书·大禹谟》言："满招损，谦受益，时乃天道。"这是说，谦让之德是合于天道的，故将受益；反之，骄矜自大必悖天逆德，招致损失。谦让之德也是孔子躬行的温、良、恭、俭、让"五德"之一。

谦让是一种胸怀，一种风度。与当下互争高下、自以为是的不良风气形成鲜明对比，林增平、章开沅两位先生互相谦让的事迹着实让人感慨。林增平长期致力于辛亥革命历史研究，是这方面的权威。后来，有关部门邀请其和章开沅共同撰写《辛亥革命史》的部分章节，并决定林增平为第一主编，而林极力拒绝，并要求章做第一主编。林增平曾说道："做学问切不可争名逐利。眼睛盯着名利二字，文章就不可能行之久远。"此事后来被章开沅知道，他立即写信给《华中师范大学校报》编辑部，声明"我并非辛亥革命研究第一人”，并且对林增平给予了高度评价。林增平在名利面前推贤让能，体现了一种崇高的境界；而章开沅不掠人之美，主动将主编《辛亥革命史》的首功归于已故多年的林增平，同样是高风亮节。[①] 当今社会应力倡谦谦君子之风范，力倡在上不骄、在下不卑之精神，着力优化人际关系和社会环境。

其三，要有卑让之德。万物生长离不开大地，但大地居下而不求显耀，付出而不求回报，这大地之德即是一种卑让之德。在处理公私关系时能先公后私，以大局为重，这是一个人具有卑让之德的表现。《左传·文公元年》言：“践修旧好，要结外援，好事邻国，以卫社稷，忠信卑让之道也。”在儒家看来，践行卑让之德，就是要把国家、集体利益作为考虑问题的根本出发点，在处理事情时，把国家、集体利益置于个人利益之上。[②]

伴随着社会主义市场经济的深入发展，商品的生产、交换、分配和消费成为人们生活的基本内容，人们的观念也随之发生了深刻变化。一是利益意识强化，每个人都是有着自己独特利益要求的主体；二是集体主义主流价值观遇到前所未有的挑战，这个挑战源于市场经济的利己导向和集体主义的利他导向的冲突。在现实生活中，每一个人都应该充分认识个体性和集体性的辩证统一关系，坚持个人利益与集体利益相统一，在必要时为集体利益牺牲个人利益。集体主义之所以要求个人利益服从集体利益，归根到底，既是为了维护集体的共同利益，也是为了维护个人的根

---

① 唐宝民:《林增平章开沅两学者的谦让》,《文史月刊》2014 年第 11 期。

② 唐少莲:《儒家“让”德批判——兼及“让”德与和谐社会建设》,《道德与文明》2008 年第 5 期。

本利益。[1]“位卑未敢忘忧国”，山东慈善企业家徐夫京就是以大爱践行集体主义精神的优秀代表。在企业刚有起色时，他就盘算着为社会多做点事情。他选择了慈善事业，先后在肥城、泗水和曲阜建设了三所公益性关爱学校，招收家庭困难儿童到学校就读，并把儿童救助作为一项社会课题去研究，探索出了“养教并行”的特殊教育模式。徐夫京是一个既有大爱之心又有大爱之行的人，11 年来招收亚孤儿、孤儿等 1900 多人。2016 年，他被山东省政府授予“最具爱心慈善楷模”称号。

该如何使中华“让”德在当代社会建设中发挥出应有的美德引领作用？又该如何使不礼让的行为付出应有代价？这是值得我们去深入研究的问题。而做好制度安排，应该是开明的思想家、务实的政治家在解决这个问题上的共识。正如邓小平同志所言：“制度好可以使坏人无法任意横行，制度不好可以使好人无法充分做好事，甚至会走向反面。”[2] 就是说，一个社会的道德状况，在很大程度上取决于社会为此而做的制度安排。加强道德的制度化设计，目的在于通过制度的合理安排使各种复杂的社会利益问题得到正当解决。例如，我国《道路交通安全法》明确规定，机动车行经人行横道时，应当减速行驶；遇行人通过人行横道，应当停车让行。机动车行经没有交通信号的道路时，遇行人横过道路，应当避让。也就是说，对机动车不礼让行人的问题，法律早已有了明确的制度上的规定；机动车司机的行为一旦违法，将会

① 罗国杰：《关于集体主义原则的几个问题》，《思想理论教育导刊》2012 年第 6 期。

② 《邓小平文选》第 2 卷，人民出版社 1994 年版，第 333 页。

受到法律的制裁，付出相应的代价。

第三节　息争止纷　超越无讼

无讼是儒家德治思想的重要组成部分，是中国古代重要的社会建设智慧。无讼在社会治理的理念上，表现为通过对无讼价值的倡导和践行，促进传统道德中人际和谐境界的实现；在社会治理的方法上，体现为通过民间调解来平息诉讼、化解争端；在社会治理的旨归上，通过多种途径实施道德教化，有效减少各种犯罪，最大限度地满足人们尚和求安的社会秩序追求。无讼思想是和谐社会在司法观念上的表现，对当代中国的社会治理和建设具有重要的借鉴价值。

一、 息讼止争， 和气致祥

（一）无讼思想的基本含义

讼，争也。自有生民以来，莫不有讼，而诉讼便是息止纷争的重要途径。但对中国人来说，诉讼还是越少越好。一般认为，孔子最早提出了“无讼”思想。子曰：“听讼，吾犹人也，必也使无讼乎！”[①] 孔子认为，在审理案件方面，他和其他人的观点是相同的，目的都在于使诉讼不再发生，即听讼是为了实现无讼。

---

① 《论语·颜渊》。

孔子又言："善人为邦百年，亦可以胜残去杀矣。"[①] 善人治理国家，经过一百年，也就可以消除残暴、废除刑罚杀戮了。总之，在孔子看来，无讼即是人与人之间以宽容之心相处，发生摩擦与冲突时尽可能通过协商解决，而不是通过行政和法律手段强制解决；对政府来说，以礼教、德政感化百姓，逐步消除暴虐和杀戮，应是政府在建设无讼社会时应有的职责。

（二）无讼思想在社会建设中的历史作用

首先，体现了大众对理想社会秩序的追求。无讼思想之所以为中国社会所认同，一方面是因为中国人崇尚天道秩序，希望创造出一种和谐大同的社会环境，以获得生命的超越，达到天人合一的境界；另一方面，中国古代社会是以建立在血缘关系基础上的"家"为基本单位的，集"家"而成"族"，集"族"而成"国"。建立在血缘和地缘关系基础上的中国古代社会，对民众之间的和睦关系是极为重视的，所以中国人自古便极力避免人们之间的纷争，以无讼为向往中的和谐、大同社会的重要标志。据儒家典籍记载，尧舜的时代便是无讼的，而舜本人就是一个息讼止争的高手。除了和谐精神，无讼思想还蕴含着中国古人对仁爱精神的追求。无讼立足于"己所不欲，勿施于人"的人际交往原则，旨在造就人与人相互体谅、彼此包容的社会关系。也就是说，无讼思想已超越了司法层面，在其背后有着一种更高的理想追求，这正是孔子及儒家所追求的理想的社会政治秩序。

其次，增进了社会稳定。人民大众向往盛世、仁政，渴望安

① 《论语·子路》。

居乐业，而诉讼少正是仁政、盛世的一个重要体现，所以无讼便成为人们盛世梦、仁政梦的一部分。就社会建设来说，减少诉讼是执政者的一项重要工作。例如对民间的“讼事”，历代执政者主张依靠家法、乡规、村约等“礼”来进行调解。又如，自汉代始，朝廷在对地方官员的考核中将“诉讼减”和“平冤狱”作为重要评价指标。在长达几千年的历史中，中国社会能保持一个相对稳定的状态，与倡导无讼以及由此建立起来的一套社会制度不无关系。

最后，促进了司法资源的合理使用。倡导无讼并不是反对或排斥司法，其实在很多时候重大纠纷必须通过司法途经来解决。而在相关措施的保障下，倡导无讼思想会使一般性案件减少，由此有限的司法资源能够更好地集中于一些大案要案上。

二、 辩证观讼， 古为今用

以现代法治眼光来看，传统无讼思想存在诸多局限。例如在传统诉讼思想看来，理想的社会是不该也不会有诉讼的。其实现代和谐社会并不追求无讼，它甚至还鼓励公平、公正、公开氛围下的诉讼。中国古代历史表明，对无讼的过度追求会导致社会治理中出现太多的虚假无讼。例如，为政者为了营造无讼的局面，除了正面宣扬无讼的好处，就是制造以讼为害的反面舆论，如“讼，终凶”“讼不可长”等，用各种方法使民众厌讼、息讼，把纷争扼杀于摇篮之中，同时也压抑和束缚人们对正当权利的追求。如果纠纷不幸还是发生了，那就用教化、调处的方式来解决纷争。此外，统治者还制定了一整套不鼓励诉讼的诉讼制度，如不体面、有辱人格的诉讼程序，衙门官僚居高临下的专横威严，都令平民百姓望讼生畏。这些措施都只是为了片面地达到无讼的目的，从而造成了中国传统社会下人的主体意识的丧失以及权利观念的匮乏。因此我们必须辩证地看待诉讼，决不能忽略无讼的现代价值，今日之中国依然需要借鉴无讼的合理成分来进行社会建设。

一方面，从现代社会建设的理想目标维度看，无讼蕴含着激励社会发展的正能量。追求无讼的人际关系，是人类社会不断发展并走向文明的重要动力，无讼的理想对和谐而又有温情的人际关系的建立具有积极的引导作用。此外，就个人修养而言，无讼还是自我人格的完善，是与他人、团体、国家的圆融调和。

另一方面，从现代法治的维度看，诉讼并不是万能的，无讼已然成为现代法治的一个组成部分。中国传统的诉讼调解与现代法治并没有根本的冲突，甚至对中国当代社会熟人领域中的纠纷解决来说仍起着积极作用，即使在日常的交易领域也是一种处理纠纷的有效思路。此外，它对现代西方国家替代性纠纷解决机制的研究也具有重大意义。所谓替代性纠纷解决机制，是对通过非诉讼的方式解决纠纷的各种方法的统称，它包含着许多具体的非诉讼纠纷解决方法。

三、多元调处，超越无讼

（一）形成以和解为主导的多元化纠纷调处机制

中国古代民间调处和官方调处都很发达，人们力图通过调处化解纠纷，使家族、邻里之间和睦相处，实现社会和谐。其中，许多合理的纠纷调处制度和方法，可为今天的社会建设提供借鉴。根据主持者身份的不同，调解可分为三种形态。一是民间调解。纠纷发生以后，当事人向村、乡或者邻居寻求调解。民间调解没有法定的程序，因各地情况不同而呈现不同的特点。民间调解也不限于特定的地点，村口路边抑或田间地头，只要是能够解决纠纷即可。二是官方调解。它是指官员对于民事纠纷以及轻微的刑事案件进行调解处理的制度，又称诉讼调解。这种调解形式是我国现行诉讼调解制度的渊源之一。三是官批民调。此种调解也可以划到诉讼调解中，它是指当事人起诉后，官府经审查认为情节轻微没有传讯必要，或者认为纠纷涉及邻里亲族，不适合公开审理，便授权“乡保调处，毋使滋诉”，并要求在纠纷解决后将结果上报官府。可见，官批民调制度是一种将官府调解与民间调解结合在一起的调解制度。

在革命战争年代，中国共产党继承和发扬我国民间调解的优良传统，领导人民在革命根据地创建了依靠群众解决民间纠纷的人民调解制度。人民调解是司法工作的必要补充，在改革开放时期，它依然是解决人民内部矛盾最好的方式之一。人民调解在1980年被联合国法律组织接受为综合治理的指导原则之一，现在更是成为群众平等协商、消除纷争的极佳选择。近年来，人民调解组织建设取得了良好进展，并形成了较为完备的组织构架。从横向上看，人民调解组织已形成以村居调委会、乡镇街道调委会为基础，以企事业单位、群团组织、行业性和区域性人民调委会为补充的组织形态；从纵向上看，人民调解组织基本形成镇街调委会——村居调委会——调解小组——调解员四个工作层级。一纵一横，使人民调解组织交织成网状格局，覆盖全社会。现在，我国正处在全面深化改革、全面从严治党的关键时期，社会利益关系更为复杂，新的情况不断涌现。我们要继续坚持和不断完善人民调解制度，使这一制度在社会建设中作出新的贡献。

（二）超越无讼局限，积极重视诉讼，体现对权利的尊重

对于无讼，我们要充分重视它的当代意义，同时也要清醒地意识到，我们正在建立现代法治国家，不能把无讼的当代意义夸大化。一方面，就无讼产生的历史环境来看，封建等级制度是建立在传统的自然经济基础之上的，在法律关系上表现为义务本位和政治权力本位。在这样的传统社会中，人们的义务意识不断被培养和强化，而权利意识却不断被弱化并受到无情的压制。另一方面，就无讼理念本身来看，它适应传统自然经济的状况而产生，以对诉讼价值的否定为自己存在的价值，它本身就存在着打压人们权利意识、消解人们创造财富的进取心的倾向。同时，无讼也在主观和客观上抑制了社会权利保护机制的生成与发展。

市场经济要求我们对人的权利进行积极保护，因而在社会主义市场经济条件下，我们应该超越无讼理念的局限，积极重视诉讼的作用，体现对权利的尊重。市场经济是契约经济，内含着权

利意识、平等意识；市场经济是利益经济，对于利益最大化的追求是市场运作和发展的内在动力。与此同时，市场经济的发展也会不断增强人们维护个人利益的愿望。着眼于自然经济向商品经济、专制政治向民主政治的转变，在社会经济形态的转型与政治结构的变革中，寻找中国社会发展的历史动力和社会建设的方略，是一种科学认识方法。要建立健全社会主义市场经济和民主政治，就必须健全法制，倡导和保护广大公民的权利，建立利益调节机制。随着中国从传统社会向市民社会转变步伐的不断加快，公民的权利意识和利益观念将会不断被强化。总之，在现代化建设的今天，要实现对传统无讼文化的超越，增强人们对法律的信任，必须培育良好的法治环境，推进司法和执法公正。

第三章

因俗而治——社会建设中的基层之治

在尊重和顺应民众的风俗传统基础上制定社会建设的政策和措施，方能得到民众的拥护，激发民众的生产生活积极性。这就是中国古代社会建设中的宝贵经验——因俗而治。作为一种社会建设智慧，因俗而治曾使齐国迅速发展，为齐国日后的霸业打下良好基础，也对后世的社会建设产生了深远影响。

第一节 因俗简礼 顺民利民

风俗是特定社会文化区域内人们共同遵守的行为模式或规范，是一种根植于生活的文化力量。有效的社会建设必须尊重民众既成的习俗，“俗之所欲，因而予之；俗之所否，因而去之”[①]，百姓需要的就尽量给予他们，百姓不喜欢的就予以取消，借助习俗与文化传统的维系作用，达到安顿民心、安定社会的目的。

一、因俗简礼

（一）因俗简礼的由来

中国自古就有重视风俗的传统，施政者为官一任，要先了解属地的风俗民情，以作为治理和建设的重要参照。齐国这种传统的形成，与姜太公有很大关系。《史记·鲁周公世家》记载：

> 周公卒，子伯禽固已前受封，是为鲁公。鲁公伯禽之初受封之鲁，三年而后报政周公。周公曰：“何迟也?”伯禽曰：“变其俗，革其礼，丧三年然后除之，故迟。”太公亦封于齐，五月而报政周公。周公曰：“何疾也?”曰：“吾简其君臣礼，从其俗为也。”及后闻伯禽报政迟，乃叹曰：“呜

① 《史记·管晏列传》。

呼，鲁后世其北面事齐矣！夫政不简不易，民不有近；平易近民，民必归之。”

周武王建立周朝后曾分封诸侯，但其后不久他就去世了。因成王年少，周公就让自己的长子伯禽去自己的封地鲁国，而他则留下来辅助成王主政。伯禽三年后来报告政务，周公问他为什么这么晚，他说因为需要“变其俗，革其礼”，所以用了很多时间。而封于齐的姜太公五个月后就来报告政务，周公问姜太公为什么这么快，他说之所以快，是因为他让一切照旧，即“简其君臣礼，从其俗”。于是周公感叹，鲁国的后代将来要成为齐国的臣子了！

回溯齐国历史，彪炳史册的一号人物当属姜太公。当年，姜太公以非凡战略家的胆识和杰出政治家的睿智，顺乎当地民情，巩固齐国政权，开创了千秋伟业。后来，司马迁将姜太公因俗设政的社会建设方略概括为“因其俗，简其礼”[①]。

（二）因俗简礼政策为何卓有成效

首先，消除对立，缓和矛盾。“因其俗”就是尊重、随顺当地人的风俗习惯；“简其礼”指在维持周天子基本治国精神不变的情况下，在齐地改造周朝的礼仪内容，把周朝的礼仪内容简约化，让当地民众易于接受，而不是对立抵制。姜太公认为，如果在齐地强力推行周礼，容易产生矛盾，不利于治国安邦。经过再三斟酌，他决定从齐地实际出发，从俗简礼，不强制干涉，且务

① 《史记·齐太公世家》。

实地创造了既让齐民乐于接受、又不悖周礼的新制，缓解了统治阶级与民众的矛盾。

其次，减少约束，发展生产。姜太公的做法营造出一个宽松的政治文化氛围，减少了礼仪程序对人们思想的束缚，从而使齐地各族在心理上很快实现融合。从齐鲁两国的开国“报政”对比中，我们可以看到，姜太公在社会治理和建设上的务实做法可谓技高一筹。

最后，柔性管理，平易近民。因俗简礼政策之所以能够取得如此巨大的成效，关键在于姜太公实行了平易近民的柔性社会管理政策。姜太公在实施因俗简礼政策过程中，除了在政治上用“尊贤上功”的价值观增强人民大众的凝聚力，在生产上用“通商工之业，便鱼盐之利”的经济政策调动人民大众的积极性，还在社会治理和建设上充分尊重民意，重视文治。政策措施平易近民，人民自然就会拥护。相反，鲁公伯禽不顾当地现行的风俗，一味要求“变其俗，革其礼”，强迫民众严格执行周礼，结果因政策繁琐复杂、不“近民”，在很长时间里都无法稳定社会秩序。由此来看，伯禽的“变俗革礼”政策远不如太公的“从俗简礼”实际可行。

（三）因俗简礼政策的后世影响

姜太公推行的因俗简礼、顺应民意的社会建设政策，为后来的政治家、思想家所继承，由此形成了一种对不同风俗习惯和文化保持宽容态度的思想传统。譬如，晏子承继齐国因俗简礼的治国理念，认为礼应简化、灵便有效，从而将尊礼推进到既循礼又不刻板，务实高效、讲求简单、实用易行的境界。他主张：“大者不逾闲，小者出入可也。”[①] 践礼在大的方面一定要遵守规范，而小的地方可视具体情况略有出入，这不算悖礼。正是这些开明的社会建设思想代代传承，使齐国的社会发展获得一种宽松的环境，不同的思想学说在这里竞相呈现，最终酿就了战国时代齐国稷下学宫自由开放、百家争鸣的学术奇观。

一种社会建设思想和政策，必须反映当时的社会环境和社会需要。姜太公正是从现实的社会条件出发，来思考符合齐国现状的治国方略和建设方案。他从民间的礼俗中看到了社会蕴含的自组织力量，提出了平易近民的因俗简礼思想和方针，对我们当代社会的治理和建设有着重要的价值和意义。

二、 顺民利民

（一）顺民：政之所兴在顺民心

社会建设之道基础在民，而智者顺民。所谓顺民，就是顺应民心。管子是极力主张顺应民心的，他在《管子·牧民》中开门见山地点出了顺民的重要性：“政之所兴，在顺民心；政之所废，在逆民心。”他还指出了执政者只从自我意志出发而违背民意所导致的后果：“喜以赏，怒以杀，怨乃起，令乃废。骤令不行，民心乃外。外之有徒，祸乃始牙。”[②] 如果是因喜而赏，因怒而杀，人民就会生怨，政令就会废弛；政令不通，人民就有外心；

① 《晏子春秋·内篇杂上》。

② 《管子·版法》。

有外心的人结党，祸乱就开始萌芽。因而，观察统治者对待民心的态度，就能看出他是否具有民本思想和良好的社会道德。《孝经·广致德》就说："非至德，其孰能顺民如此，其大者乎？"若非至德之君，谁能做到如此顺民心？

得民心者得天下，这是一条治国安民的铁律。"得天下有道：得其民，斯得天下矣。得其民有道：得其心，斯得民矣。得其心有道：所欲与之聚之，所恶勿施尔也。"① 儒家学者都不厌其烦地劝说为政者顺从民心、聚得民心。那么，该如何顺应民心，搞好社会建设呢？

首先，从百姓的立场观察、分析和处理问题。为政者要做到"与人同忧同乐，同好同恶"②，因为"以天下之目视，则无不见也。以天下之耳听，则无不闻也。以天下之心虑，则无不知也"③。管子对人性分析得十分透彻，他看到了百姓有忧患劳苦、贫困低贱、危险灾祸、灭种绝后"四恶"，而有佚乐、富贵、存安、生育"四欲"。社会建设之道就在于消除百姓"四恶"，顺应百姓"四欲"，使百姓安逸快乐、富足显贵、生存安定、生育繁息。做好这"四顺"，远方的人就会亲近归附；否则，原先亲近的属民也会背叛逃离。

其次，了解民众疾苦，并努力满足民众的合理需求。齐桓公询问管子如何治理民众，管子对曰："凡牧民者，必知其疾，而

---

① 《孟子·离娄上》。
② 《六韬·文韬》。
③ 《管子·九守》。

忧之以德，勿惧以罪，勿止以力，慎此四者，足以治民也。”① 可见，为政者必须要深入民众，了解他们的真实需要。为政者不能只停留在知道百姓需要什么，还应做到“民恶忧劳，我佚乐之；民恶贫贱，我富贵之；民恶危坠，我存安之；民恶灭绝，我生育之”②。此外，还需要做到“居民于其所乐，事之于其所利，赏之于其所善，罚之于其所恶，信之于其所余财”③，即让民众居住在他们喜欢的地方，做对他们自己有利的生计，奖赏他们对善良的追求，惩罚他们所憎恶的行为，让他们相信积蓄的财富有所保障。

再次，乐民之乐，忧民之忧。《孟子・梁惠王下》中说过：“乐民之乐者，民亦乐其乐；忧民之忧者，民亦忧其忧。乐以天下，忧以天下；然而不王者，未之有也。”以天下民众的快乐为快乐，以天下民众的愁苦为愁苦，这样国家就会兴旺。与民同乐、与民同忧是赢得民心的重要途径。孟子与梁惠王曾对“贤者之乐”有所讨论，书载：

> 孟子见梁惠王。王立于沼上，顾鸿雁麋鹿，曰：“贤者亦乐此乎?”孟子对曰：“贤者而后乐此，不贤者，虽有此，不乐也。”④

① 《管子・小问》。
② 《管子・牧民》。
③ 《管子・禁藏》。
④ 《孟子・梁惠王上》。

有一次，孟子去见梁惠王。梁惠王正在花园中休闲散心，他一边左顾右盼地观赏园林池台中的珍禽异兽，一边漫不经心地问："你们这些不言利的贤人也觉得这园林里的风光美吗？你们也会以此为乐吗？"孟子借此阐发了他的社会治理高论：仁慈的执政者与民同乐，所以能享受到真正的快乐；而专横的执政者不顾民众的死活，其结果是自己也得不到真正的快乐，并最终会导致社会混乱。

最后，教化民众，而勿"胜民"。有一次，齐桓公向管子询问制服民众之法："我欲胜民，为之奈何？"管子对曰："此非人君之言也。胜民为易，夫胜民之为道，非天下之大道也。"① 管子的回答是，这不该是人君所说的话，制服民众是容易的，但制服民众这个办法，不是统治天下的正当办法。那么，在社会建设中，什么才是对待民众的"大道"？管子的答案是："守国之度，在饰四维；顺民之经，在明鬼神，祇山川，敬宗庙，恭祖旧。"② 用礼义廉耻对民众进行教化，提升他们的文化水平，使其尊崇鬼神、敬奉宗庙和礼敬宗亲故旧，这才是建设社会的大道。

（二）利民：以天下之财，利天下之人

"利民"一词较早出于《逸周书·王佩》："王者所佩在德，德在利民。"何为利民？《管子·霸言》有言："以天下之财，利天下之人"，即取之于民，用之于民。

在管子执政期间，齐国推行"慈于民，予无财，宽政役，敬

① 《管子·小问》。
② 《管子·牧民》。

百姓”① 的政策，尽量做到“静其民而不扰，佚其民而不劳”②，以天下之财利天下之人，使齐国百姓生活得到保障，安定社会秩序。

为什么要利民？一方面，利民才能得到民众的支持。《管子·五辅》有言：“得人之道，莫如利之。”执政者获取民众支持的最好方法就是给予他们切实的利益，当民众意识到一个政府或一个政策对自己有益时，他们就会支持和拥护。当然，“徒利而不爱，则众至而不亲。徒爱而不利，则众亲而不至”③，执政者在给予民众利益的同时，如果还能做到“爱民”，富有人文关怀，那就离社会建设所追求的理想目标不远了。另一方面，利民还会产生良好的“国际”影响。“民，利之则来，害之则去。民之从利也，如水之走下，于四方无择也”，“莅民如父母，则民亲爱之”，“莅民如仇雠，则民疏之”。④ 本国的利民政策优于他国，他国民众就愿意迁徙并归顺本国；反之，本国的居民就会外迁，并且憎恨原先国家的执政者。可见，中国古人颇具“国际”视野和现代人口管理意识。

那么，究竟应该如何利民？概括起来大致有以下几种措施：

首先，推行善政，增进民众福祉。管子提出了一系列增进民众福祉的措施：“利之之道，莫如教之以政。故善为政者，田畴垦而国邑实，朝廷闲而官府治，公法行而私曲止，仓廪实而囹圄

① 《管子·小匡》。
② 《管子·形势解》。
③ 《管子·版法解》。
④ 《管子·形势解》。

空，贤人进而奸民退。其君子上中正而下谄谀。”① 给人以利益的办法，莫如用实际政绩来证明。善于从事政治的人应该做到：田地开垦而城邑殷实，朝廷安闲而官府清治，公法通行而邪道废止，仓库充实而监狱空虚，贤人得用而奸臣罢退，上层人士崇尚公正而鄙视阿谀之风。可见，生产发展、储备充实是民众福祉，而政府清廉、公法通行、贤人得用、鄙视阿谀等也属于民众的福祉。这种从物质和精神的综合视角审视民众福祉的做法，值得今天的我们借鉴学习。

其次，建立和完善社会保障体系，解除百姓后顾之忧。中国古代先贤在建立和完善社会保障体系方面进行了深刻的思考。譬如《管子》提出的社会保障范围，即使在现在看来还是非常科学的，它奠定了我国古代社会保障的基本框架，其中强调构建农村社会保障体系、强化政府在社会保障工作中的作用等思想，在今天依然可以为我们所借鉴。

最后，学习优秀利民传统，把为人民服务的宗旨贯彻到社会建设各方面和全过程。要把实现好、维护好、发展好最广大人民的根本利益作为社会建设工作的出发点和落脚点，最大限度改善人民生活，增进人民福祉；要牢固树立以人为本的理念，尊重人民的主体地位，以为民之心思为民之策，让民众在经济社会活动中放心、省心、安心、开心，促进经济社会和人的全面发展；要为人民群众提供更多更好的义务教育、基本医疗、社会保障等基本公共产品和服务，并不断提高公共服务的质量，推进公共服务

① 《管子·五辅》。

均等化；要加强和创新社会管理，正确调节社会各阶层利益关系，着力解决城乡发展、地区发展不平衡和社会成员收入差距大等突出问题，加强对困难群体、特殊群体的权益保护、利益倾斜和社会救助，有效化解社会矛盾，维护社会公平正义，保持社会安定有序。

第二节　移风易俗　革故鼎新

移风易俗是一种社会改造活动，一项革故鼎新的系统工程。它通过倡导和优化民众的风俗习惯，以达到除陋俗、扬美俗、改善社会风气的目的。回顾中国历史上移风易俗的历程，总结其基本规律和经验，有助于进一步推进当代中国社会的移风易俗，破除制约发展的旧观念，弘扬社会正气，树立文明风尚。

一、　移风易俗是社会建设的重要途径

（一）风俗及移风易俗

风俗是一个国家、民族或地区长期形成并为人们共同遵守的行为规范，它制约着社会成员的思想和行为。

“百里而异习，千里而殊俗”[①]，风俗作为社会传统，因地因时而异，某些当时流行的时尚习俗，随着时代的变迁也会有所改

① 《晏子春秋·问上》。

变。《荀子·王霸》有言："无国而不有美俗，无国而不有恶俗。"任何一个地方，其风俗的内容都极其复杂，精华与糟粕并存，良风美俗对社会生活发挥着调节、引导和激励的作用，陈规陋习则阻碍社会的进步与发展。所以，这就存在一个移风易俗的问题。

移风易俗，就是改变旧的风俗习惯，语出《荀子·乐论》："乐者，圣人之所乐也，而可以善民心，其感人深，其移风易俗，故先王导之以礼乐而民和睦。"音乐可以用来使民心和善、移风易俗，所以先王用礼乐引导民众，让民众和睦生活。一般说来，移风易俗这一积极的文化变革活动是指在社会发展变化的前提下，由政府干预或由社会组织倡导，旨在改变陈旧落后的风俗习惯、培养良风美俗的行动。移风易俗的目的是通过改造风俗，优化社会环境和政治生态，提升大众的人文素养，推动社会文明进步。

风俗由传习而成，因而它有一定的稳定性和连续性。一代人的文化观念并不会因一个誓言或一纸文件而轻易改变，因而移风易俗是一项十分艰巨和持久的文化活动。

（二）移风易俗的重要性

风俗之变，关乎人的精神家园的解构与重构，甚至关乎国家的荣辱与盛衰。春秋时期，北方游牧民族侵扰中原地区，管子辅佐齐桓公攘夷，保护了周王室与诸侯国，为此孔子夸赞道："微管仲，吾其被发左衽矣。"[①] 汉服是右衽，北方游牧民族是左衽，正好相反。从这句话也可以看出，服饰习俗在孔子心目中占有十

① 《论语·宪问》。

分重要的地位。

移风易俗可以为改革奠定基础，同时移风易俗本身就是改革的重要成果。商鞅变法中，秦国太子受人教唆而犯罪。商鞅考虑到太子尚未成年，就按法令处理了太子的两个老师公孙贾和嬴虔，但他也由此得罪了太子，从而为自己后来的悲惨结局埋下了伏笔。李斯在《谏逐客书》中说："孝公用商鞅之法，移风易俗，民以殷盛，国以富强，百姓乐用，诸侯亲服。获楚、魏之师，举地千里，至今治强。"商鞅推行的移风易俗为秦统一全国奠定了坚实基础。

一些恶俗危害社会，必须用强硬手段易俗，西门豹治邺是祛除恶俗的一个典型案例。魏文侯时，西门豹为邺令，百姓"苦为河伯娶妇，以故贫"。他投巫于河，使"邺吏民大惊恐，从是以后，不敢复言为河伯娶妇"，西门豹也因此"名闻天下，泽流后世，无绝已时"。①

随着时代的发展，为适应新的形势需要，人们总是在或快或慢地改变着落后习俗。齐鲁文化中的移风易俗精神，为我们提供了自觉求变的精神支撑。要形成社会主义新风俗，就要在这个"变"字上用力，在变中与时偕行，在变中脱胎换骨，在变中创造美好的生活。移风易俗就是要改变自己的生活状态和生活方式，使之与我们国家现行的方针政策和核心价值导向，如改革开放、协调发展、公平正义、诚信友善等相协调。我们每个人都应自觉追求文明生活，为优化社会风气贡献力量。

---

①《史记·滑稽列传》。

二、 中国古代移风易俗的成功经验

（一）教化为主，政令为辅

总体来看，我们可以将中国古代移风易俗的实践分为两种模式。一是硬性的政令推行式，像伯禽在鲁国的“变俗革礼”当属此类。需要指出的是，对于封建迷信、“黄赌毒”等陋习、恶习，借助法律、政令予以强行禁除十分必要。二是柔性的社会教化式，像姜太公在齐国的“从俗简礼”当归此类。其实，对于日常生活中人们的一些不健康习俗，如红白喜事中的陈规陋习等，多可通过弘扬礼义、兴办社学、树立榜样等教化方式，引导民众自觉改变。

中国特色的移风易俗实践以教化为主流方式，统治者通过社会教化使民心向善。回望历史，在儒家文化主导下，人们普遍相信，礼教终会让人弃恶俗而趋美俗，终会使社会从无序走向有序。历史经验表明，在社会建设中，耳濡目染、润物无声的社会教化，能够更灵活地解决包括习俗改良在内的大多数社会问题。

（二）化民成俗，其必由学

从古至今，接受教育都是人成长进步的必由之路。“君子如欲化民成俗，其必由学乎”①，君子如果要教化民众，培养良风美俗，使民众幸福生活，只有通过办学兴教才能做到。“饱食、暖

① 《礼记·学记》。

衣、逸居而无教，则近于禽兽”[1]，教育能使人提高文化修养，明白事理，遵守道德准则，进而有助于良好社会风俗的形成。教育担负的最大责任不是传承知识，而是移风易俗。孟子有言：“善政不如善教之得民也。善政，民畏之；善教，民爱之。”[2] 教育就是要使人民大众有尊严地脱离蒙昧，积极主动地去创造光明的未来。

（三）移风易俗，莫善于乐

“移风易俗，莫善于乐”是孔子做出的著名论断，《礼记》和《孝经》等书籍均有记载。这一论断的提出，是对音乐教化意义的充分肯定。在“礼崩乐坏”的局面下，礼乐制度及其文化理念已被冷落，孔子以“知其不可为而为之”的巨大勇气，创造性地提出了“仁”的文化精神，并把音乐的作用提升到“仁”的高度来认识，进而提出“移风易俗，莫善于乐”的观点。那么，音乐的社会作用主要表现在哪里？音乐具有净化社会风气、调和社会矛盾、促进人际关系和谐的功能。正如《乐记》所言：“乐者，天地之和也。”“乐在宗庙之中，君臣上下同听之，则莫不和敬；在族长乡里之中，长幼同听之，则莫不和顺；在闺门之内，父子兄弟同听之，则莫不和亲。”

后来，在文化的历史发展过程中，乐的含义被推演开来，做一种文学艺术的广义理解。中唐时期韩愈提出的“文以贯道”，宋代理学家周敦颐提出的“文以载道”，阐发的都是文学艺术在

---

① 《孟子·滕文公上》。
② 《孟子·尽心上》。

移风易俗中的价值意义和方法意义。

（四）示范带动，蔚然成风

《吕氏春秋·察微》篇记载：

> 鲁国之法，鲁人为人臣妾于诸侯，有能赎之者，取其金于府。子贡赎鲁人于诸侯，来而让，不取其金。孔子曰："赐失之矣。自今以往，鲁人不赎人矣。取其金，则无损于行；不取其金，则不复赎人矣。"子路拯溺者，其人拜之以牛，子路受之。孔子曰："鲁人必拯溺者矣。"孔子见之以细，观化远也。

鲁国法律规定，鲁国人在外国沦为奴隶，能把他们赎出来的人，就可以到国库中报销赎金。有一次，子贡在别的诸侯国赎了一个鲁国人，但回国后他拒绝收下国家给的补偿金。对此孔子并不赞同，他认为圣人做事着眼于改变社会风尚，影响百姓追求，并非只是为了满足自己的行为偏好。现今，鲁国富人少而穷人多，做善事的人收下国家的补偿金，并不会对自己的名声造成损害；但如果他不接受这笔补偿金，恐怕今后就没人肯替沦为奴隶的同胞赎身了。还有一次，子路救起一名落水者，那人为感谢他送了一头牛，子路收下了。孔子说，这下子鲁国人一定会积极救助落水者了。

上面的故事给我们提供了三种看问题的视角，一是子贡的"让而止善"，二是子路的"受而劝德"，三是孔子的"以小知大，以近知远”[1]。孔子的高明与智慧之处就在于，他放眼全社会，主张用褒奖激励、示范带动的办法，让做好事在鲁国上下蔚然成风。

三、 当代中国社会建设中的移风易俗

（一）党在社会建设领域的基本主张：除陋俗、扬美俗

移风易俗是党在社会建设领域的基本主张，是践行社会主义核心价值观的必然要求，在中国特色社会主义伟大事业中具有重要地位。风俗事关社会的精神面貌和国家民族的兴衰。移风易俗通过倡导和规范民众的风俗习惯，以达到除陋俗、扬美俗，改善社会风气的目的。中华人民共和国成立以来，我们党和政府积极组织开展风俗改良运动：实行男女平等，改革婚姻制度，对歧视妇女的陈规陋习实行移风易俗；反对封建迷信，倡导科学文化；反对腐朽思想和丑恶现象，加强社会主义思想道德建设等。可以说，我国的移风易俗取得了巨大成就，形成了与中国特色社会主义经济、政治、文化、社会、生态相适应的新风俗、新风尚，为进一步推进移风易俗积累了宝贵经验。

存在于旧社会的“黄、赌、毒”现象和包办婚姻、封建迷信等社会陋习被革除，极大振奋了民族精神。随着全社会文明程度的提高，移风易俗逐渐进入了建设美丽中国、创造美好生活的全新历史时期。移风易俗的社会建设实践改变了社会上一些落后和

① 《淮南子·齐俗训》。

愚昧的风俗，重新构建了人与人、人与社会、人与自然之间的关系，为建设富强民主文明和谐的社会主义现代化国家作出了历史性贡献。

（二）立足长远发展，做到循序渐进

古人讲，习俗移志，安久移质。移风易俗并不是一朝一夕、一蹴而就之事。风俗是柔性制度约束，革新的过程极其漫长；移风易俗不能期望毕其功于一役，需要恪守立足长远、循序渐进的原则。

首先，要有实事求是的态度。实事求是是马克思主义思想的精髓和灵魂，要始终按照实事求是的要求办事，充分尊重群众的意愿，及时合理地进行移风易俗。其次，要发扬以人为本的精神。要少一些政令的强制，多一些耐心细致的感化；少一些功利的心态，多一些对民众的关爱。再次，要建立长效机制，做到常抓不懈。要引导广大群众崇尚科学文化，破除不良陋习，树立新的符合时代主流价值观的文明风尚。要实现移风易俗工作的制度化、常态化，使风俗革新走上科学发展道路。

（三）注重价值引领，促进文化繁荣

风俗的生命力蕴藏在民众的观念里，转变观念是风俗移易的关键。要坚持以社会主义核心价值观为引领，促进社会主义核心价值观与传统文化包括传统风俗的对话，进一步增强群众的自觉意识，引导民众改变落后的风俗观，自觉培育和确立先进的风俗观、生活观，推动移风易俗实践，真正使社会主义核心价值观的影响像空气一样无处不在、无时不在。

进一步推动公共文化建设，促进地区文化的繁荣发展，改变原有文化格局，是风俗变革的科学发展道路。为此，要推动社会主义文化大发展大繁荣，用文化的繁荣发展推动社会的全面进步。促进文化繁荣，文艺工作者大有可为。广大文艺工作者要从国家未来、社会建设、人的发展的视角认识文艺的地位和作用，认识自己所担负的历史使命和责任，坚持以人民为中心的创作导向，“通过更多有筋骨、有道德、有温度的文艺作品，书写和记录人民的伟大实践、时代的进步要求，彰显信仰之美、崇高之美，弘扬中国精神、凝聚中国力量，鼓舞全国各族人民朝气蓬勃迈向未来”①。

（四）自觉与时偕行，彰显国际视野

风俗是一个国家、民族或地区长期形成并为人们共同遵守的行为规范，制约着社会成员的行为。良风美俗对社会生活发挥着规范、教化和调节的作用，陈规陋习则阻碍社会的进步与发展。要清醒地意识到，不论是在国内还是在国外，由于历史因素的影响以及个人修养的原因，某些“中国式陋习”还没有完全革除；这些陋习的存在，对我们自身的发展、国家的形象都产生了不可忽视的消极影响。国家要更好地发展，公民个人要成为一个受人尊重的“世界公民”，就一定要在移风易俗上下足功夫。

世间万物，变动不居。移风易俗应当与时偕行、开拓创新。这首先要求各级领导干部要自觉转变思想作风，从那些不合时宜的观念、做法和体制的束缚中解放出来，冲破各种落后的条条框框和旧的思想观念的藩篱，一切从实际出发，尊重和汲取群众创

---

①《习近平总书记在文艺工作座谈会上的重要讲话学习读本》，学习出版社 2015 年版，第 7 页。

造的移风易俗新鲜经验，开拓移风易俗新天地，不断赋予风俗新的时代内涵，淘汰与时代相悖的陈规陋习。

改革开放、移风易俗，让中国人民的精神面貌焕然一新，也使人们确立了新的奋斗目标和生活准则，中国作风和中国气派以全新的面貌展现在世人面前。为此，我们要有国际视野，从更广阔的角度观察、思考和处理问题，进一步适应全球化及国家经济社会对外开放的需要。正如习近平所说："'明者因时而变，知者随事而制。'要摒弃不合时宜的旧观念，冲破制约发展的旧框框，让各种发展活力充分迸发出来。"[①]

第三节　乡村自治　乡规民约

中国古代的基层社会主要是广袤的乡村。该如何对乡村进行治理和建设？中国古人选择了乡村自治的做法。其实，中国乡村社会长期的历史积淀和独特的社会结构，决定了基层社会治理必然要采取乡村自治的方式。乡村自治以乡规民约为主要手段，在民间事务管理等方面留下了丰富的成功经验，这些经验可以供今天的我们去变革激活，萃取精华。

---

① 《习近平谈治国理政》，外文出版社 2014 年版，第 330 页。

一、 乡村自治：通过乡规民约实现的自治

（一）乡村自治的基础——宗族管理

小农经济条件下的广大乡村，人们具有天然的分散性和封闭性，社会化程度低，于是形成了按血缘辈分划分等级，由族长、家长利用族规、家规对族内成员进行管理的模式。

从国家行政权力的设置来看，乡村居于行政金字塔结构的最底层，这就为宗族管理、维持地方秩序提供了用武之地。中国幅员辽阔，受生产力发展水平和交通条件等的制约，政府在广大乡村地区很难直接派遣官吏进行统一管理，所以行政力量很难深入到县以下。在此情况下，乡村社会中宗族的管理作用凸显，以此为基础，中国传统社会逐步形成和强化了乡村自治的格局。

异姓家族之间社会关系日益复杂，客观上要求一种超越家族规范的社区公共规范来协调各家族之间乃至村民之间的社会关系，以弥补以血缘关系为基础的家庭内部行为规范——家法族规的不足。在一个乡村中，一个好的家族规范往往会起到良好的示范作用，进而演化发展成为整个乡村的规范。这种适用于同一乡落中各家族和全体村民的社区公共行为规范，就被称为“乡约”或“村规”。它以家规为基础，但又不同于家规，是我国传统社会维持乡村秩序的又一重要手段。譬如受到中纪委推荐的广西兴业县东山村《乡约十条》，就是何氏家规家训在全村的推广普及版。它以礼教修明为首，以忠孝清廉为要，得到广大村民的认同和赞许，被广泛传诵、践行，像一颗种子一样在村民的心中生根

发芽，劝勉人们修身立德，明辨善恶。

（二）乡村自治的运行机制——通过乡规民约实现自治

乡规民约即是邻里乡人互相劝勉、共同遵守，以相互协助救济为目的的一种社会行为规范，俗称“乡约”，它通过乡民受约、自约和互约来保障乡土社会成员的公共活动。乡约最早可追溯到周代，先秦儒者在《周礼》中就已提出敬老、睦邻等一系列约定俗成的行为规范，这可以说是乡规民约的雏形。《周礼·地官·族师》曰：“五家为比，十家为联；五人为伍，十人为联……刑罚庆赏，相及相共，以受邦职，以役国事，以相葬埋。”意思是说，在家里五家为比，十家为联；在军队五人为伍，十人为联。他们相互担保托付，有刑罚、赏赐的事，就共受共享，承担王国的职事，共同履行国家规定的义务，为国服役，相互帮助处理丧葬事宜。

乡规民约经历了一个由口头到书面，影响逐渐扩大的过程。宋代以来，经过朱熹、王阳明等大儒的提倡，乡规民约的内容不断完善，并逐渐推广到全国各地，对中国传统社会的秩序稳定产生了积极作用。譬如，即使在那些十分偏远的、并没有什么文字基础的落后地区，也存在着要么口耳相传、要么实物明示的乡规民约，这显示了乡约在中国古代基层社会建设中的广泛价值。

近代以来，乡村自治经历了从传统到现代、从低水平向高水平发展演进的过程，这种转变的出现是基于经济社会发展的现实背景和实际需要，是国家政治功能不断扩大和强化的结果。

二、 乡村自治的灵魂：儒家精神

（一）儒家思想为传统乡规民约提供了精神内核

春秋时期，周室衰微，诸侯力争，百姓靡安，人伦不理。面对严重的社会危机，以孔子为代表的先秦儒家学派，坚持用道德来矫正混乱的社会秩序和人伦关系。他们以《周礼》为理论依据，建立了以“仁爱”为最高原则，以“孝悌”为基本规范的伦理体系。后人把这套规范体系推向社会的各个层面，深入乡村社会，使其逐步内化为乡民的价值取向，进而约束乡民的行为。

传统的家规家训以及以此为基础形成的乡规民约，所要倡导和规约的主要就是儒家的伦理规范和社会理想。儒家认为，爱人首先要爱亲，爱亲是仁之始与仁之本，因此，人首先应孝顺父母，友爱兄长，继而将之扩大到爱众，比如邻人、乡党、朋友、君主等。而几乎所有的家规、族规及乡规民约，都是对仁爱思想的具体化，具体化为对孝悌、敬老、睦邻以及救助等行为的推崇和倡导。“死徙无出乡，乡田同井，出入相友，守望相助，疾病相扶持，则百姓亲睦。”① 杨开道在1937年的《中国乡约制度》中认为，孟子的这几句话，几乎把乡规民约的条款都包含进去了。此外，像“草木荣华滋硕之时，则斧斤不入山林，不夭其生，不绝其长也”②，“不违农时，谷不可胜食也。数罟不入洿池，

① 《孟子·滕文公上》。
② 《荀子·王制》。

鱼鳖不可胜食也。斧斤以时入山林，材木不可胜用也”[1] 等生态伦理思想，也渗透在许多乡规民约中，制约和指导着民众按照大自然的节奏、万物生长的节律来安排生产和生活。总之，以“仁爱”为最高原则、以“孝悌”为基本规范、以“礼”为外在表现形式的儒家伦理成为乡规民约的灵魂，并逐步内化为乡民的价值取向，在各个方面规范和引导着乡民的生活。

（二）乡村自治是儒家最为推崇的社会治理方法

乡规民约能够成为乡村秩序的主要维持方式，离不开一些士大夫的热衷与倡行。中国的士大夫阶层都是在儒家思想的浸润下成长起来的。以乡规民约为主要手段的乡村自治，其要旨在于对民众进行德礼教化，唤起民众内在的道德自觉，这正契合了儒家的理想追求，所以许多士大夫对此身体力行。“在儒家‘以教化民’思想的影响下，许多地方官员视乡约为维持地方社会秩序之妙方，不仅在任内积极推行乡约，即便回归故里，也对乡约情有独钟。一些地方乡贤虽未出仕，也依托传统宗族的力量，在乡里组织民众举办乡约。”[2] 在外谋职而退居乡里者是乡绅的重要构成。乡贤在乡村社会具有较高的权威，在基层社会治理中担负着三个任务：一是传播儒家思想，对家规家训、乡规民约等的形成和完善做出具体的指导；二是将政府的政策和政令传达给百姓，促使大家贯彻执行；三是汇总乡村民众对政府的诉求，并将这些诉求传达至官府。纵观中国古代历史，乡贤始终是乡村社会的组

---

① 《孟子·梁惠王上》。

② 易舜：《为乡约精神注入现代活力》，《中国纪检监察报》2016 年 3 月 28 日，第 6 版。

织者和领导者，他们处在国家与乡村社会之间，常常发挥着连接执政者与人民大众的桥梁作用，成为国家与乡村社会关系的调节器。

把儒家思想融注于乡规民约之中，我国最早的成文乡约《吕氏乡约》堪称这方面的典范。北宋时期陕西蓝田人吕大钧制定的《吕氏乡约》，规定了乡党邻里之间行为的基本标准，目的就是用儒家礼教化民成俗。这个乡约旨在使邻里乡人“德业相劝，过失相规，礼俗相交，患难相恤”。其中“德业相劝”的具体内容是：

> 德谓：见善必行，闻过必改，能治其身，能治其家，能事父兄，能教子弟，能御僮仆，能肃政教，能事长上，能睦亲故，能择交游，能守廉介，能广施惠，能受寄托，能救患难，能导人为善，能规人过失，能为人谋事，能为众集事，能解斗争，能决是非，能兴利除害，能居官举职。凡有一善，为众所推者，皆书于籍，以为善行。
>
> 业谓：居家则事父兄，教子弟，待妻妾，在外则事长上，接明友，教后生，御僮仆。至于读书治田，营家济物，畏法令，谨租赋，如礼乐射御书数之类，皆可为之。非此之类，皆为无益。①

从中我们可以一窥乡规民约对儒家伦理乡土化的努力。在吕氏兄弟的大力倡导和身体力行下，“广教化，厚民风”不仅使蓝

① 〔民国〕宋联奎辑：《关中丛书》第一集《吕氏乡约》，陕西通志馆 1934 年印。

田民风淳朴，而且使“关中风俗为之一变”。

不仅如此，《吕氏乡约》对后世也产生了重要影响。南宋理学家朱熹非常看重这部乡约，并对其加以丰富和完善，使之成为南宋以后中国乡规民约的典范。明代王守仁在南昌为官时，曾仿《吕氏乡约》颁布《南赣乡约》，以教化乡民。20 世纪二三十年代，梁漱溟也曾仿照《吕氏乡约》，在山东邹平等县推行“乡农教育”。他在 1937 年所著的《乡村建设理论》中认为，乡约这个东西充满了中国人的精神，这种乡约的组织，实在是西洋人所不能想象的，它是一个伦理情谊化的组织，而又是以人生向上为目标的一个组织。

以乡规民约为主要手段的乡村自治，在基层治理和建设上可以发挥积极作用。一是促进思想启蒙，维护乡村秩序。乡规民约是存在于中国乡土社会的一种介于正式制度与非正式制度之间的具有一定权威性的民间行为规范，它不具有强制执行力，但在社会生活中仍然可以起到稳定秩序的作用。二是节约行政成本，创造社会财富。乡村自治开创了新的基层治理模式，乡贤与当地人多是同族同宗，能够利用伦理手段代替不必要的行政或法律手段，减少乡里乡亲间摩擦，减少犯罪，降低社会治理和建设成本，并且能够从乡村实际情况出发，繁荣宗族，兴建乡村，最大限度为乡村创造财富。三是构筑乡村文化，凝聚乡村力量。乡规民约中的文化传播、价值引领，乡贤造福家乡的责任自觉，都促进了乡村文化的发展。

三、 乡村自治精神的现代传承：借鉴与创新

（一）在法治框架内重塑乡规民约

在当下中国全面改革的新时期，让乡规民约焕发新的活力，更好推进社会基层建设，提高乡村自治的能力和水平，无疑具有重要的现实意义。

现代乡规民约作为村民自治的制度化、规范化形式，是指依照法治精神，适应村民自治要求，由共居同一村落的村民在生产、生活中根据风俗和现实共同约定、共信共行的自我约束规范的总和。乡规民约从历史传统中走来，所以它必须在法治的框架下予以制定和完善。乡规民约肯定不能与国家的法律相抵触，这是制定乡规民约的基本前提。与国家的法律相衔接，乡规民约才能够发挥它作为国家法律的有益补充的作用。为此，要注意乡规民约的制定程序和相关内容是否合法。

村民及村民委员会成员由于能力及素质的差异，在对国家法治精神的理解和掌握上不同程度地存在偏差。由少部分人起草的乡规民约极可能与国家的法律法规存在不一致处；有些地方的民约内容明显违反国家的法律法规，存在侵犯公民权利的问题。譬如，某村规定“有偷盗行为者，胸前挂锣游街”，“抓住了小偷，打了再理论”，另外还有“牲畜毁坏农作物被打死不赔”“散放牲畜被人伤害，后果自负”，“家畜下了田，打死不赔钱”等，这些规定显然侵犯了公民的人身或财产权利，与当前我国的法治精神相去甚远。

在广大农村，很多事务的执行都是通过乡规民约的方式实现的，乡规民约的制定往往以符合本村人的利益为基本出发点。因此在实施过程中，有些村民往往会以乡规民约为标准，认为民约“至高无上”，甚至认为民约大于国法。在明知民约与国家法律法规相抵触的情况下，仍坚持以村规民约为基础和标准，就会严重阻碍国家法律法规的实施。因此，正确解决乡规民约与国家法律法规之间的矛盾，是当前和今后一段时间内农村建设的重要内容，也是构建法治国家和法治社会的重要保障。

（二）面对基层治理新情况，创造性解决新问题

当前，我国乡村社会正在发生深刻变化，基层治理面临着诸多新变化、新情况、新问题。譬如，一些地方铺张浪费严重，盲目攀比，特别是红白喜事讲排场，大操大办。受不良社会风气的影响，云南文山州麻栗坡县天保镇天保村的村民曾被“办酒风”所困扰。村民都想着如何把随出去的礼金“捞回来”，办酒席的名目越来越多，咬牙也得坚持，久而久之形成一种恶性循环，村民们无不抱怨。在这种情况下，村委会召开村民大会，征得超过九成村民的同意，后又经村两委扩大会议讨论，一份禁办除婚丧嫁娶以外无事酒的“村规民约”就此出台，全体村民“签字画押”，其效果可谓立竿见影。天保村党委书记、村委会主任刘德明告诉媒体：“我们初步算了一下，与往年相比，今年全村办酒席的场次减少了85%左右，为老百姓直接节约资金300余万元。”[①] 正是得益于一份全体村民“签字画押”的乡规民约，村民

① 陈广江：《“村规民约”里的乡村自治力量》，《京华时报》2016年7月22日，第2版。

节约了这么多份子钱，看来改善基层建设也没有想象中那么难。进一步说来，也正是这一份乡规民约唤醒了村民的自治意识，说明只要有合适的带头人，村民就会激发出自我约束、自我管理的潜能和智慧。在新情况新问题面前，只要用创新的精神对待传统经验，乡规民约这一古老的形式就会焕发出时代的光彩。

（三）为乡贤文化注入新的精神内涵

乡贤文化源远流长，植根乡土，蕴含着见贤思齐、崇德向善的精神力量，是中华优秀传统文化的重要组成部分。我们一方面要传承历史上优秀的乡贤传统，用乡贤精神凝聚道德力量；另一方面，还要积极发挥道德模范、好支书、爱心人士等“当代乡贤”的作用，用乡贤的嘉言懿行垂范乡里，涵育家风，传播主流价值观，促进美丽乡村建设。

浙江省绍兴市上虞区素有“江南名士之邦”的美誉。2011年，当地成立了全国首个区域性民间乡贤研究会，整理出3000多名乡贤的相关史料。2015年5月21日，中宣部在上虞召开创新发展乡贤文化现场交流会。现场交流会的基本精神是，在新的历史条件下，要高度重视乡贤文化的重要作用，对传统乡贤文化，要坚持扬弃继承、转化创新的态度；要积极培育与社会主义核心价值观相契合、与新农村建设相适应的新乡贤文化；充分发挥优秀基层干部、道德模范、身边好人等当代乡贤的示范引领作用。上虞区崧厦镇祝温村党支部书记杭兰英就是一位“当代乡贤”，29年间，她燕子垒窝般地带领村民做了50多件实事，把后进村建成了全国文明村。她没在村里报销过一分钱，反而为村集体捐款42万元；在她的带动下，全村累计捐款近400万元。[①] 像这样的当代乡贤，贴近生活，贴近现实，能够切实引领人们追求美好的生活。

当前社会主义新农村建设的实践表明，乡贤文化是可资利用的重要文化资源。“当代乡贤在农村基层建设、传统村落文化的保护和传承等方面，能够发挥重要作用。因此，我们需要重建乡贤文化，在当今农村社会中呼唤新乡贤。”[②] 当代乡贤文化是以传统美德为根基，在马克思主义思想指导下，在践行“以人为本”“全心全意为人民服务”等理念的过程中逐渐形成的文化，是饱含民主法治、开放竞争、包容创新、幸福平等等现代文明因子的文化。这应该是乡贤文化的时代内涵，也是当代乡贤文化建设所追求的精神品质。

① 《中宣部召开创新发展乡贤文化发展交流会》,《新华每日电讯》2015年5月21日，第2版。

② 胡彬彬:《乡贤文化与核心价值观》,《光明日报》2015年5月21日,第11版。

第四章

以教化民——社会建设中的教化方略

寓治于教、以教化民是儒家德治思想体系的重要内容，是儒家社会建设的理想路径。历代执政者都对社会教化极为重视，把它作为维护社会秩序和进行社会建设的一项基本方略。如今，经济的繁荣、物质的丰富，为社会教化提供了必要的物质基础。用教化对社会进行柔性治理，提升人们的思想道德水平和人文素质修养，引导人们自觉进行社会建设，是建设社会主义现代化国家的基础性工作。

第一节　民安国治　教化为先

中国自古就有重视教化的优良传统，历代统治者均把教化看作是社会建设的重要手段。教化的目的是移风易俗、导人向善，促进社会和谐。教化的方式有很多，但道德教化无疑是其他各种教化活动的灵魂和根本。

一、教化：社会建设之道

（一）广义的教化即是文化

所谓“教化”，即“以教化民”“以教道民”。教化之所以具有重要的社会作用，是因为文化的本意就在于使人受到一种全面教化，正所谓以文化人谓之文化；教化是一种合乎理性的素质的获得，是一个成就人的自由的过程。“说到底，教化就是要用人类作为一个整体所历史地创造的文化价值来熏陶和塑造人们的精神。”① 运用教化的方式治理和建设社会，就是用文化的方式治理和建设社会。广义的教化，至少有如下三方面的含义。

首先，在社会维度上，教化以形成和谐的社会生活为目标。教化是以社会规范“化”人，以此来发挥社会伦理对人的行为的普遍制约作用。社会教化主要通过家庭启蒙、学校教育、政策法

① 詹世友：《道德教化与经济技术时代》，江西人民出版社 2002 年版，第 16 页。

规、公众舆论等，使个人遵守和内化社会生活的要求。教化的内容就是历史积淀下来的，并被社会和群体共同认可、遵循的行为规范，它对个体的行为具有先在的给定性和约束性。

其次，在个体维度上，教化是以提升个体的精神世界为追求。社会教化提供着是与非、善与恶、美与丑、好与坏等社会标准，并通过家庭、学校、社会等教化途径，将其内化为个人的是非感、正义感、羞耻感、审美感、责任感等，从而提高人们的道德情操、认识水平和精神境界。

最后，在自然维度上，教化就是使人与自然和谐相处，最终达到天人合一的境界。通过社会和自我教化，个体可以领悟人生意义，领会人与自然的关系，这是教化的最高价值追求。

（二）狭义的教化是一种政治—伦理措施

狭义的教化，主要是从社会维度上来考察，它指的是一种政治—伦理措施。荀子是第一个明确提出“教化”概念的人。《荀子·王制》言：“顺州里，定廛宅，养六畜，闲树艺，劝教化，趋孝弟，以时顺修，使百姓顺命，安乐处乡，乡师之事也。”“论礼乐，正身行，广教化，美风俗，兼覆而调一之，辟公之事也。”可见，教化是与政治、礼乐、德义、风俗等联系在一起的。董仲舒作为使教化成为一种治国方略的关键人物，则将教化比作堤防：“夫万民之从利也，如水之走下，不以教化堤防之，不能止也。”①

综合荀子和董仲舒的看法，教化的含义主要是指运用特定的

① 《汉书·董仲舒传》。

内容，包括法律、道德、礼乐等，整饬社会风俗，达到国家治理和社会建设的目的。

总之，我们要重点讨论的，是作为一种国家治理、社会建设之道的教化。它一般是指通过一定的思想道德内容来教育、引导社会成员，从而使人们在潜移默化中明事达理，改变习惯，使社会按照治理者的意图形成符合其治理目的的良好社会关系的活动。借助思想引导、道德教育、文化陶冶等手段，对广大社会成员施加影响，以使全社会形成某种意义上统一的思想观念和价值取向，这是文明社会政治运作的通则，也是教化的核心功能。教化以改善人心民风、统一全民思想为宗旨，所以它关注的是整个社会。如果说教育是指培养新生一代的活动过程，那么教化便是一项相当于精神文明建设的系统工程。

二、 教化的历史演进： 从思想到国策

（一）教化思想理论的构建

从一定意义上说，儒家思想就是关于教化的思想。先秦时期儒家对社会教化的研究，为后来教化成为国家治理和社会建设的基本方略奠定了良好基础。

一是在教化的目的上，孔子等人提出教化思想的动因就在于治理社会。春秋时期是一个急剧变动的时代，天子式微，诸侯并立，价值冲突，社会失范，周公时期所确立的礼乐制度逐渐被破坏，各国诸侯甚至一些掌握实权的大夫，也会改变甚至抛弃礼乐文教。面对深刻的社会危机，孔子力图以教化来恢复社会秩序，

这是早期儒学对现实的积极回应。其后的孟子和荀子，承接孔子的思想，为确立新的社会规范、恢复社会秩序，全面而深刻地阐发了各自的教化思想。

二是儒家考察了道德的形成过程及教化实施的内在规律，从而把教化视为一种德性修养、国家治理和社会建设的重要手段。

三是儒家分析了教化的重要理论依据——人性论。儒家讨论人性问题是为了正确认识和更好地完善自身，由此儒家的人性论同修养论、教化论始终紧密地联系在一起。儒家对人性问题的探讨，不仅是人类自我认识、自我觉醒的开始，而且为教化实施之于提升改造人性的可能性和必要性提供了理论依据。

（二）教化作为一种国策的确立

汉初思想家、政治家陆贾和董仲舒等人为教化成为国策作出了重要贡献。

在汉代，陆贾首倡教化。他站在维护国家长治久安的高度，提出“居马上得之，宁可以马上治之乎”的疑问，并把教化作为其构建的“文武并用，长久之术”[①] 的治国安民之道的核心。他认为，教化是使执政者的治国理念通达于百姓，引导百姓参与社会建设、维护政权稳定的主要手段和最佳方式。以教化作为主要的政治手段，能够达到“教化行，政令通”的目的。《新语·无为》有言：“夫法令所以诛暴也，故曾、闵之孝，夷、齐之廉，此宁畏法教而为之者哉？故尧、舜之民，可比屋而封，桀、纣之民，可比屋而诛，何者？化使其然也。”陆贾认为，刑罚只能诛

① 《史记·郦生陆贾列传》。

罚犯罪之人，而无法引导人们怀有向善之心；要使百姓畏法向善、从政归心，非教化不行。为此，“设辟雍庠序之教，以正上下之仪，明父子之礼、君臣之义，使强不凌弱、众不暴寡，弃贪鄙之心，兴清洁之行”[①]，使人人循礼教、明先后，就成为维持社会正常运作的必要手段。

经过陆贾等人的努力，社会教化与政治结合的尝试已初见成效。后来董仲舒向汉武帝进呈“天人三策”，提出系统的治国主张，为社会教化政策的最终形成奠定了坚实的理论基础。董仲舒同样高度重视教化的社会价值，强调教化对于治国安邦的重要性。其主要观点，一是提出“性三品”说，认为人性具有上、中、下三等，具有多层次性，道德教育也应当具有多层次性；只有通过教育，人才能变得和善，即人性善并不是天生的，而是有赖于后天的道德教育，所以君主要顺应天意，大力推行民间教育。二是认为教化要以道德为核心内容。人的道德水平的高低关系到国家的成败，若每个人都重视德育，社会就会安定，国家就能兴盛；反之，社会就会动荡，国家就会衰败。在董仲舒眼里，好的社会必定是仁义盛行的社会，为此对百姓的教化要以道德为核心内容，通过“渐民成仁，摩民以谊，节民以礼”，最终实现“教化行而习俗美”[②] 的目标。三是主张在中央设太学，地方设庠序，以此来教化百姓行仁、行义、行礼等。四是认为要对民众进行教化。为政者的一项重要职责就是对百姓进行教化；而只有以

① 《新语·道基》。
② 《汉书·董仲舒传》。

身示范、以德服人，才有资格教化民众。

三、 教化的践行： 以道德教化为根本

儒家的教化活动，在不同情况下其教化的内容和形式是有所侧重、有所区别的。譬如，学校教育多以道德教化为主，礼仪活动多以礼乐教化为重，而祭祀活动则以宗教性教化的方式展现。因此，为了方便讨论，也为了更深入地理解和把握教化的本质特征，我们把教化分成道德教化、礼乐教化和宗教性教化三个层面。其实这三个层面在儒家教化中往往难以分解。一般而言，道德教化是根本，居于核心地位，而礼乐教化和宗教性教化则以道德为内在精神。

（一）道德教化

道德教化就是主要关注人的德性培育的教化活动。教化归根到底是为了使人成为人，为了使人把外在的规范化作自己的德性；教化表现为个体性的提升和普遍性的养成，并最终指向个体心灵的成长和精神的涵养。学者詹世友认为，道德要以生命为基础，生命需由道德来提升；人不是天生就成为人应成为的样子，所以人需要教化；从本质上说，教化是道德真正的存在方式；道德教化正是在善的伦理价值层面上，把人从人的本性状态提升到人性状态的工作。[①] 从这个意义上说，道德教化是其他各种教化活动的灵魂和根本。

---

① 詹世友:《简论道德教化》,《光明日报》1998 年 9 月 25 日,第 5 版。

在强调道德教化的社会功能和政治意义时，切忌把教化仅仅理解为一种维护政治统治的工具。不能简单地把“道德教化”与“政治宣传”混为一谈，否则就容易消解教化的道德内涵，甚至导致政治绑架道德现象的发生。

道德是个体完善发展的核心内容。儒家在谈到教化时，其要旨所指主要还是道德教化问题。孔子认为社会秩序混乱是人们道德丧失的结果，于是他建构了以“仁”为核心的道德体系，并确立了以德教为先的原则。政治上，孔子要求统治者做到为政以德、以德化民，提出了“正人必先正其身”的教化原则。与这一思路相对应，社会建设过程即是为政者以道德的光辉感召天下的过程。孟子同样从道德这一核心入手展开对教化的论述，指出“以德行仁者王”[①]，“以德服人者，中心悦而诚服也”[②]，“有大人者，正己而物正者也”[③]。荀子认为，治国的关键还是德教，即以道德教化百姓。道德是人的尊严所在。荀子在论及道德与人性的关系时曾指出，是否有道德是人与动物的根本区别：“禽兽有知而无义，人有气、有生、有知，亦且有义，故最为天下贵也。”[④]

（二）礼乐教化

礼乐教化的实质是道德教化。为了避免道德教化流于说教，儒家历来注重以礼乐来进行教化。礼乐的直观性和生活化等特性，增强了礼乐教化的有效性，展现了中国传统教化的非凡

---

① 《孟子·公孙丑上》。
② 《孟子·公孙丑上》。
③ 《孟子·尽心上》。
④ 《荀子·王制》。

智慧。

一方面，礼乐教化中的礼教精神滋育了人的秩序感。《礼记·乐记》有言："礼者，天地之序也。"因为秩序的存在，万物方能显现出差别。天地之间的秩序表现为天高地下，万物散布于天地之间，各具自然禀赋而又共生有序，各得其宜。先贤正是在探究自然规律的过程中领悟了这种"秩序"的内涵，从而制定了规范人类秩序的"礼"。如果人类社会能够尊崇这种秩序，即人人各居其位、各守其职，同时又维持各自不同的本性，各得其宜，那么社会就会和谐稳定。鉴于此，孔子认为，"不学礼，无以立"[①]。

另一方面，礼乐教化中的乐教精神熏陶了人的和谐感。《礼记·乐记》有言："乐者，天地之和也。"因为和谐，万物才能化育生长。将音乐用于教化，并非中国人所独有，但我们的先人在乐教方面形成了鲜明的中国特色。《礼记·乐记》云："乐也者，圣人之所乐也，而可以善民心，其感人深，其移风易俗。故先王著其教焉。"儒家以优美的音乐化育万民，移风易俗，和谐天下。

在儒家学说中，一个人要成就完美人格，离不开礼乐的陶冶。孔子理想中的人物，除了要具有技能、智慧、德行，还要精通礼乐。礼乐包含着丰富的文化信息，它的教化与人们的日常生活密不可分，一个人在生活中会潜移默化地接受礼乐的教化。礼乐是中国传统文化中的一朵奇葩，它利用"礼"教与"乐"教形成了一套完善的教化体系，维护着社会的稳定与和谐，塑造着中

① 《论语·季氏》。

国人的精神世界。

（三）宗教性教化

宗教性教化就是指在祭祀活动中，祭祀者采用礼乐形式所体现的社会教化功能和神妙作用。宗教性教化其实也属于礼乐教化的范畴，中国传统祭祀活动中的宗教性教化包含的教化理念有很多。譬如，重“民”。执政者在祭祀中要垂德于民、为民祈福，孔子所重：“民、食、丧、祭”，也是将民事放在首位，他主张“务民之义，敬鬼神而远之”[①]。又如，重“敬”。孔子对于祭礼的阐述紧紧围绕“敬”而展开，像“祭如在，祭神如神在”[②]等，强调祭祀者内心要“诚敬”。再如，重“孝”。儒家伦理的核心就是孝，为此儒家将孝德与祭祖联系在一起。如“慎终追远，民德归厚矣”[③]，“慎终”指慎重地料理父母的丧事，“追远”指举行祭祀之礼追念远逝的祖先。儒家将祭祀中的礼乐形式加以人文化的诠释，借此培育人内心的德性。

此外，还有一些民间的宗祠祭祀活动，其社会教化功能亦是相当丰富。譬如宗祠是祖先神灵皈依之所，在宗祠制定族规族戒、处理族内纠纷，意味着祖先对子孙的审视。族长在宗祠代祖先励言励行，对犯错的子孙进行教训惩治，发挥了宗祠敦睦族亲、警示告诫、惩恶扬善的社会教化功能。又如，宗祠是族众举行冠礼、婚礼、丧礼等日常重要仪式的场所，通过举行团体性活动，可以强化家族的凝聚力和向心力，宣传以孝悌忠信为核心的

---

① 《论语·雍也》。
② 《论语·八佾》。
③ 《论语·学而》。

伦理精神。每个宗祠都会形成一定规范的礼仪形式，遵从宗祠礼仪成为融入宗族内部社会生活的前提条件。①

第二节　诸子论化　化育天下

先秦思想家们大都高度重视社会教化的作用，并提出了自己的教化思想。管子、孔子、孟子、荀子等代表人物的社会教化思想各有不同，但他们都强调，社会教化要建立在一定的物质基础之上，教化的实施要以德教为本，要发挥受教者的主体性作用，遵循循序渐进的原则。

一、 先富后教： 管子的社会教化思想

（一）“仓廪实”是社会教化的实施基础

若想教民，必先富民。管子最早提出了社会教化必须建立在一定经济基础之上的观点。他指出：

> 凡人君者，欲民之有礼义也。夫民无礼义，则上下乱而贵贱争。故曰：“庆勉敦敬以显之，富禄有功以劝之，爵贵有名以休之。”②

---

① 吴祖鲲、王慧姝：《宗祠文化的社会教化功能和社会治理逻辑》，《吉林大学社会科学学报》2014年第4期。

② 《管子·版法解》。

要治理好一个社会，使人们讲礼义，就要为大众创造和提供一定的物质条件，用富贵生活来笼络他们。管子还提出了“仓廪实则知礼节，衣食足则知荣辱”① 的著名论断。后来孔子受管子思想的影响，提出了“庶之、富之、教之”的观点。“子适卫，冉有仆。子曰：‘庶矣哉！’冉有曰：‘既庶矣，又何加焉？’曰：‘富之。’曰：‘既富矣，又何加焉？’曰：‘教之。’”②

(二)“四维”是社会教化的重要内容

“礼义廉耻”是道德的基本准则，也是社会教化的主要内容，在这里管子将其称为“四维”。维，原指系物的大绳。管子形象地把礼义廉耻比作维系国家的四根大绳，认为一根断则国“倾”，两根断则国“危”，三根断则国“覆”，四根断则国“灭”。丧失了礼义廉耻，国家就会灭亡。他指出：

> 国有四维，一维绝则倾，二维绝则危，三维绝则覆，四维绝则灭。倾可正也，危可安也，覆可起也，灭不可复错也。何谓四维？一曰礼，二曰义，三曰廉，四曰耻。礼不逾节，义不自进，廉不蔽恶，耻不从枉。故不逾节，则上位安；不自进，则民无巧诈；不蔽恶，则行自全；不从枉，则邪事不生。③

“礼”是社会行为的要求和准则。管子认为，要用礼来规范

---

① 《管子·牧民》。
② 《论语·为政》。
③ 《管子·牧民》。

社会成员的行为，使社会形成一个“上下有义，贵贱有分，长幼有等，贫富有度”的社会序列，以实现社会的稳定与和谐。《管子·五辅》载：

> 上下有义，贵贱有分，长幼有等，贫富有度。凡此八者，礼之经也。故上下无义则乱，贵贱无分则争，长幼无等则倍，贫富无度则失。上下乱，贵贱争，长幼倍，贫富失，而国不乱者，未之尝闻也。是故圣王饬此八礼，以导其民。

“义”是“礼”的行为标准，有调节人与人关系，培养人的社会责任感，使社会成员顾全大局、彼此和睦、为国奉献的作用。《管子·五辅》载：

> 义有七体。七体者何？曰：孝悌慈惠以养亲戚，恭敬忠信以事君上，中正比宜以行礼节，整齐撙诎以辟刑僇，纤啬省用以备饥馑，敦蒙纯固以备祸乱，和协辑睦以备寇戎。凡此七者，义之体也。夫民必知义然后中正，中正然后和调，和调乃能处安，处安然后动威，动威乃可以战胜而守固。故曰义不可不行也。

“廉”是指个人的品行正直、检点，“耻”是指人的羞愧之心。《管子·权修》载：“商贾在朝，则货财上流；妇言人事，则赏罚不信；男女无别，则民无廉耻。货财上流，赏罚不信，民无廉耻，而求百姓之安难、兵士之死节，不可得也。”

（三）“渐进”是社会教化的实施要诀

《管子·七法》认为“变俗易教，不知化不可”，移风易俗，必须“知化”。社会教化有六条基本法则：“渐也，顺也，靡也，久也，服也，习也”，即循序渐进，因势利导，切磋磨炼，持之以恒，逐渐适应，最后形成习惯，这就是社会教化的过程。其中，循序渐进是管子最为看重的教化之法：

> 凡牧民者，欲民之正也；欲民之正，则微邪不可不禁也。微邪者，大邪之所生也；微邪不禁，而求大邪之无伤国，不可得也。凡牧民者，欲民之有礼也；欲民之有礼，则小礼不可不谨也。小礼不谨于国，而求百姓之行大礼，不可得也。凡牧民者，欲民之有义也；欲民之有义，则小义不可不行也。小义不行于国，而求百姓之行大义，不可得也。凡牧民者，欲民之有廉也；欲民之有廉，则小廉不可不修也。小廉不修于国，而求百姓之行大廉，不可得也。凡牧民者，欲民之有耻也；欲民之有耻，则小耻不可不饰也。小耻不饰于国，而求百姓之行大耻，不可得也。凡牧民者，欲民之修小礼、行小义、饰小廉、谨小耻、禁微邪，此厉民之道也；民之修小礼、行小义、饰小廉、谨小耻、禁微邪，治之本也。[①]

从以上引文可以看出，《管子》对循序渐进的阐发之生动、

---

① 《管子·权修》。

之深刻令人叹服：凡社会建设，应从小事入手，不禁止小的邪念，大的邪恶就会产生；凡社会教化只有从修小礼、行小义、饰小廉、谨小耻做起，最终才能做到修大礼、行大义、饰大廉、谨大耻。从小事做起，由小及大，乃是社会教化和社会建设的基本思想方法。

二、道之以德：孔子的社会教化思想

儒家的社会教化思想形成于孔子。孔子一生的事业主要就在于推行社会教化。他或者劝说执政者接受自己的社会教化思想，或者直接面对莘莘学子、社会大众循循善诱，感之化之，目的都在于唤起大家的道德意识，使大家成为道德高尚的人。在漫长的历史长河中，孔子的社会教化思想深入人心，逐渐成为人们心中的理念和生活的信条，并最终成为中华民族几千年来的重要思想根基。

（一）有教无类，学在四夷

由于周代教育“学在官府”，不平等的教育制度严重阻碍了人的发展和社会的进步。一些“官学”体系外的文化人，靠自己掌握的知识和技能在民间兴办私学，收徒授业。在春秋末期创办私学的热潮中，孔子脱颖而出，成为代表性人物。孔子认为，人虽有“上智”与“下愚”之分，但是由于“性相近也，习相远也”，人人都有向善的可能，所以人人都可接受教育，人人也都应接受教育。为此，孔子一改周代教育只面向贵族的做法，提出“有教无类”的主张，面向全社会开门办教育。钱穆曾这样评价孔子办学，他说：“孔子崛兴，以一平民，而把以前相传的贵族教育开始转移到平民社会来，开出此下平民讲学之风。后世称孔子为‘至圣先师’。孔子在中国教育史上，实亦可称为开天辟地旋乾转坤一伟人。因以前教育，都限制在政治圈中。以后教育，乃脱离政治圈转入社会而自为发展。”

孔子办学，教学内容非常广泛，有著名的“礼、乐、射、御、书、数”六艺。这六种技艺，既有人文学科的道德和艺术修养，如礼、乐；亦有当时贵族日常生活所需要的基本技能，如射、御、书、数等。孔子广招门徒，为天下培养君子士人，终其一生，有三千生徒、七十二贤人。

（二）崇德尚礼，培育君子

孔子的社会教化以“德”和“礼”为核心内容。强调崇德尚礼，以培养君子圣贤为目标，使人们具备高尚品格，这是孔子主张的社会教化的终极追求。一方面，孔子推崇道德。西周的教育内容包括德、行、艺、仪四个方面，六艺为基本内容，但偏向于学习一些进退、揖让、周旋之节。孔子在教学内容方面，没有放弃旧传统，但突出了“德”的地位。他设立了德行、言语、政事、文学四科，把六艺作为造就高尚品格的首要凭借，从而使教学重心发生了转移，“德”也由此成为教育最重要的指归。另一方面，孔子推崇“礼”在培养高尚品格方面的重要作用。礼者理也，德之则也。孔子崇礼，不仅是推崇礼的外在形式，更推崇蕴含于形式之中的礼的文化内涵，推崇礼对人的内在德性成长的规约作用。“恭而无礼则劳，慎而无礼则葸，勇而无礼则乱，直而无礼则绞。”[①] 说一个人无礼，其实就是说一个人无德，无内在约束。此外，孔子对“礼”的推崇在道德要求基础上进一步推延到社会的层面，即所谓“安上治民，莫善于礼”[②]，从而构成对社会治理和建设的观照。“道之以政，齐之以刑，民免而无耻；道之以德，齐之以礼，有耻且格。”[③] 相对于刑罚、政令，孔子认为德礼之教对百姓的教化作用更为明显，与外在强制力作用下的他化相比，百姓在礼乐教化下的自化更有利于推动社会的安平之治。

（三）循循善诱，因材施教

循循善诱，诲人不倦。孔子的一生，“学而不厌，诲人不倦”[④]。颜回说，“夫子循循然善诱人”[⑤]。孔子强调教化主体身教示范的榜样带动作用，他认为一个人如果人格和道德品行不够完善，则无从行教化之道。为此，孔子及其弟子要求教化主体必须内自克省，以人格魅力和实际行动推动教化的实施。孔子认为，负责传道、授业、解惑的老师，必须有端正的学习态度，所谓“温故而知新，可以为师矣”[⑥]，“知之为知之，不知为不知，是知也”[⑦]；而且最为重要的是，老师要具备高尚的道德，能够弘道导人，以实际行动引导学习对象成就君子人格。

因材施教，灵活学习。孔子献身教育事业，为后人留下了大量的社会教化方法。在对《论语·为政》中子游问孝、子夏问孝

① 《论语·泰伯》。
② 《孝经·广要道》。
③ 《论语·为政》。
④ 《论语·述而》。
⑤ 《论语·子罕》。
⑥ 《论语·为政》。
⑦ 《论语·为政》。

一段进行注释时，朱熹引程颐语说：“子游能养而或失于敬，子夏能直义而或少温润之色，各因其材之高下与其所失而告之，故不同也。”[①]“因材施教”就出自此处。确实，孔子善于因材施教，从实际情况出发，选择教学方式十分灵活。譬如个别教学，孔子常常在集体教学以外，根据学习者学习程度、个性特点等的差异，进行有针对性的个别教学。个别教学不是让每一个学习者都获得同样的结果，而是让每一个学习者都能在自己原有基础上获得进步。又如无为而教，就是不把知识作为单纯的知识放在课堂上来传授，而是把知识融在生活中，利用其他活动形式让学习者学习，从而学得轻松，学得有趣。再如讲说对话教学，就是在教学活动中让学习者自己讲说知识，或学习者之间彼此讲说知识，通过讲说这一手段来领会知识、强化能力。如上这几种孔子常用的教学方式，充满了对学习者主体性的尊重，能使学习者发挥自己的能动性，从而得到最适宜的教育。

三、善教民爱：孟子的社会教化思想

（一）存心养气，扩充四端

孟子的社会教化思想，以“性善论”为理论出发点，政治上主张民贵君轻，施行仁政；教化上主张存心养气，扩充四端，培育理想人格。他更加强调人的内在能动性，这对当今社会建设中的道德教育具有重要启示。

---

① 《四书章句集注》。

孟子认为："人性之善也，犹水之就下也。人无有不善，水无有不下。"[1] 他把教化的基点置于人心之上，主张不需外求，只要涵养本心即可，这是孟子区别于其他人的一个基本观点。孟子教化之学的主要目标是加强自身的修养，促进道德自我的实现，使人成为一个有道德的人。道德教化就是着眼于帮助人成为他自己。那么，如何帮助人成为他自己呢？孟子以其"四端"说为切入点，阐述了通过教化帮助人涵养本心的基本理路，即教化首先要帮助人们认识到"恻隐之心，仁之端也；羞恶之心，义之端也；辞让之心，礼之端也；是非之心，智之端也"[2]，然后帮助人们将心之"四端"扩而充之。

（二）善政为基，善教民爱

在国家治理和社会建设层面，孟子希望通过善教来践行其民本理念，实现社会的向上向善。为此，他主张先要帮助百姓置恒产、育恒心，逐步达到化民成俗的目的。《孟子·尽心上》言："仁言不如仁声之入人深也，善政不如善教之得民也。善政，民畏之；善教，民爱之。善政得民财，善教得民心。"只有先帮助民众解决基本的民生问题，才能最终实现化民的目标。对此他强调："五亩之宅，树之以桑，五十者可以衣帛矣。鸡豚狗彘之畜，无失其时，七十者可以食肉矣。百亩之田，勿夺其时，数口之家可以无饥矣。"[3] 有了这样的物质基础，百姓方可从善如流。可见，善教和善政在孟子那里是统一的，善政保障善教的实现，而

① 《孟子·告子上》。
② 《孟子·公孙丑上》。
③ 《孟子·梁惠王上》。

民众的教化又必须以贯彻善政为基础，两者互相推进，才能帮助民众提高道德修养，进而推动社会走向善境。

四、化性起伪：荀子的社会教化思想

（一）礼义化人，矫正人性

荀子从“性本恶”的角度论证了实施教化的必要性，认为人“生而有好利”，但主张“人性可化”，也就是要改造人恶的本性，激发人的善行。人的善德是通过学习“化性”而积累起来的，这种后天的产物就叫作“伪”；唯有“化性起伪”，善德积累到至高至大的程度，人才能成为圣人。《荀子·性恶》言：“故圣人化性而起伪，伪起而生礼义，礼义生而制法度。”所以，“化性起伪”就是用礼义法度等去引导和改造人的本性，使人树立道德观念，形成道德人格。

荀子特别看重“义”的价值，认为义是人安身立命和社会治理之“大本”：

> 夫义者，内节于人而外节于万物者也，上安于主而下调于民者也。内外上下节者，义之情也。然则凡为天下之要，义为本而信次之。古者禹、汤本义务信而天下治，桀、纣弃义倍信而天下乱，故为人上者必将慎礼义、务忠信，然后可。此君人者之大本也。[①]

① 《荀子·强国》。

其大意是，礼治的内蕴是“义”，“义”能“内节于人”，又能调节各种关系，从根本上达到礼治的目的，减少社会治理的成本，实现“天下治”；相反，正是因为桀、纣“弃义”，所以才会“天下乱”。荀子之所以强调“义”对于社会秩序形成和人的发展的重要性，是因为人有“义”才有“分”，有“分”才有“礼”，强调“义”就是从人之为人的根本上强调“礼”的合法性和合理性，这样就完成了礼义教化的内在逻辑建构。由此荀子推论出，人们都慎重地对待礼义，做到知分守礼，务求忠诚守信，这样才有助于社会的发展和秩序的建立，才可以安定天下。

（二）积渐日久，民心渐化

荀子强调后天教化，强调“化性起伪”。要做到这点就必须专意力行、积渐日久，故荀子反复言“积”，认为“积礼义而为君子”，进而“积善全尽”而为圣人。《荀子·劝学》言：“百发失一，不足谓善射；千里跬步不至，不足谓善御；伦类不通，仁义不一，不足谓善学。学也者，固学一之也。一出焉，一入焉，涂巷之人也……全之尽之，然后学者也。”射一百支箭，有一支没射中就不能叫善射；驾车行千里，而差半步不到，就不能叫善御；学者为学，而不能尽知其伦类，不能专一于仁义，就不能叫善学。所谓的学，就是要专一，一会儿要学，一会儿不学，这只是市井中的普通人；完全掌握了所学的东西，才能称得上是学者。

社会教化是一个长期的、潜移默化的、不断积累的过程。从个人角度看，“积”的功夫得从细微处入手。人的思想的变化是在不知不觉中发生的，然而人们往往注重大事而忽略小事，只有等到小事变成大事时才去注意。所以荀子言："凡人好敖慢小事，大事至然后兴之务之。"① 只有认真对待小事的人，才能取得更大的成就，"是何也？则小事之至也数，其县日也博，其为积也大"②。因为小事来得频繁，花费的时间又多，所以它积累起来的功效就大。另一方面，为了促进善德的积累，从社会层面来看，社会教化要有一个宏观和长久的设计。首先要有一个统一的、一以贯之的总纲领，荀子言："若夫总方略，齐言行，一统类。"③ 还要有统一的核心价值观，以"明礼义以一之"④，进行有力的文化价值引导。此外，还要进行社会的综合治理，使人们遵从各自的本分，做到各守其分、各尽其责，逐步实现民心教化、民风净化的目标。

第三节　多措并举　保障实施

中国古代的社会教化思想及其实践，虽然有其历史的局限性，但其基本经验对当代中国的社会建设来说，仍是一笔可资借鉴的宝贵财富。譬如，掌握意识形态主动权，通过多种途径推行形式多样的社会教化，建构社会教化体制和网络，运用制度政策

---

① 《荀子·强国》。
② 《荀子·强国》。
③ 《荀子·非十二子》。
④ 《荀子·富国》。

支撑教化，重视榜样示范作用等，都是有效的社会建设手段。以古鉴今，创新发展，中国的当代社会建设同样需要伟大的“铸魂”工程。

一、重视社会教化，把握发展方向

（一）重视社会教化的作用

纵观中国古代历史，社会教化一直被视作社会建设的一种重要方式。执政者通过行政、教育等手段，对全社会实施普遍的道德教育与情感陶冶，使全社会形成统一的思想道德认识，这对化民成俗、实现社会的长治久安来说意义重大。从中国古代思想家的观点来看，各家各派基本都主张进行社会教化；分歧在于，应该用什么内容来教化。一般说来，儒家主张以德礼施教为主，法家则主张以刑罚教化为主。总的说来，中国历史上的社会教化实践，呈现出以德教礼教为主、刑教为辅的格局。

（二）把握社会教化的发展方向

重视社会教化，本质上是对“培养什么人”这个根本问题的重视。中国古代的教化实践有两条线索，即政府主导的教化和知识精英主导的教化。政府主导的教化，其目的是让人们成为“忠臣”“良民”，而知识精英的教化更多地指向人格的养成、道德的修养，两者都关注社会整体文化秩序的建立。当知识精英的教化在民间的影响逐渐扩大时，执政者就会通过各种办法向民间教化渗透，努力把民间教化变成为自己服务的力量。① 这也说明了社会教化对于国家治理、社会建设的极端重要性。

对我们今天的社会建设来说，重视社会教化就是重视社会主义核心价值观的培育和践行，重视立德树人。社会主义核心价值观是反映社会主义基本的、稳定的社会关系及价值追求的价值观，它引领着人们在建设中国特色社会主义伟大实践中的行为指向和行为方式，从更深层次上支撑着人们的理想信念与思维方式。培育社会主义核心价值观，为有效应对各种错误价值观的冲击和凝聚全国人民的思想共识提供了强大理论武器。近年来，由于我国经济体制改革的深入推进，社会结构、利益格局发生了深刻变化，人们的价值观念和思想活动受到了巨大冲击，各种价值观念和社会思潮激烈碰撞。在这种思想多样、价值多元的情况下，只有大力倡导社会主义核心价值观，才能真正在全社会形成价值共识和思想共鸣，保证中国特色社会主义发展的正确方向，促进社会建设的全面进步。

二、 内容机制并重， 掌握教化主动

（一）建构社会教化管理机制

在社会主义现代化建设中，只有加强对宣传、教育等各种

① 马运军：《中国古代教化的基本经验与启示》，《中共南京市委党校学报》2014 年第 6 期。

具有社会教化功能的相关方面的领导、指导和监督，才能使人们保持良好精神状态，使社会发展保持正确方向。中国古代在中央和地方，都设置有专门的机构来负责教化。隋唐以前，中央设有典客、太常等，掌管宾客接待、宗庙礼仪等事关教化的事项；隋唐以后，礼部逐渐承担起上述与教化相关的职能。在这些专门机构之外，朝廷还专设教化官职，如选取具有德行的长者、孝子和善于耕种者担任三老、孝悌、力田等基层教化职务，负责当地的教化事务。[①] 这些机构的设置未必合理，但这种做法反映出执政者对社会教化的高度重视以及对教化制度化的可贵探索。

（二）通过对教化内容的管控，掌握教化的主导权

古代执政者对于社会教化内容的统一非常重视，为此他们采取了多种措施。

措施之一，提出并大力宣传符合当时社会要求的核心价值观念。正如习近平总书记指出的："每个时代都有每个时代的精神，每个时代都有每个时代的价值观念。国有四维，礼义廉耻，'四维不张，国乃灭亡'。这是中国先人对当时核心价值观的认识。"[②] 中国古代的核心价值观念，除了春秋时期管子提出的"四维"，还有此前虞舜时期推行的"五教"——父义、母慈、兄友、弟恭、子孝，此后汉代倡导的"五常"——仁、义、礼、智、信，以及宋代构建的"八德"——孝、悌、忠、信、礼、义、廉、

① 马运军：《中国古代教化的基本经验与启示》，《中共南京市委党校学报》2014 年第 6 期。

② 《习近平谈治国理政》，外文出版社 2014 年版，第 168 页。

耻等。

措施之二，对儒学典籍予以解释和厘定。譬如，汉朝就对儒家经典进行了两次大规模的修订，形成了官方对儒学的权威解释。自隋朝建立科举制以后，执政者高度重视科举考试所用教材的建设，想以此统一各方面的价值理念。唐朝时，孔颖达主持重新校订儒家五经，撰成《五经正义》供士子学习；南宋时，朱熹所注四书被奉为圭臬；元朝时，科考取士以经学为主，以程朱注释为标准；明清时，科举考试以四书五经为命题范围，要求考生按官方指定的注疏“代圣贤立言”。历史证明，以核心价值观和经典的教育内容引领官员精神世界，定向培养合乎统治者价值要求的后备人才，是一项行之有效的教化措施。

措施之三，对私学教学内容进行规范。除了依靠科举引导，指定、编修私学的教材也是加强社会教化的重要手段。我国古代的蒙学教材如《三字经》《百家姓》《千字文》等，其编写都和官府有着紧密的联系。明清两代皇帝还曾经组织人员编写了《明皇千家姓》《御制百家姓》。

（三）运用多种制度支撑教化

在中国古代社会，官员是被要求率先垂范和教化百姓的。“夫吏者，民之师也”①，而百姓也期待官员成为道德楷模和谦谦君子；这种“以吏为师”的文化传统对官员的职业操守具有积极的约束作用。事实上，文明熏染，文脉不息，在任何朝代总有官员敬畏公权，忠于职守，赢得百姓的拥戴。譬如汉代，在培养教

① 《汉书·景帝纪》。

育、树立典型、表彰奖励等措施的综合作用下，官场涌现出像伏湛、胡广、魏霸这样的模范官吏。他们十分重视自己的清誉，身体力行，且教化一方，成为人们学习的榜样。

古代的选官、考核制度很重视对德行的考察。征辟制是一种长期沿用的、自上而下选拔官吏的制度，被征召者一般都是德高望重之人，朝廷会给予他们区别于一般官员的优待。汉朝开始实行由下而上推选人才的察举制度，它以“乡举里选”为依据，按照德、才、能的顺序进行考察，德被置于首位。察举制注重乡里舆论对士人德才评判的权威性，如果举荐不实，地方官员就会受到惩罚。察举的主要标准为“四科取士”和“光禄四行”。《汉官仪》载，“四科取士”的内容为“一曰德行高妙，志节清白；二曰学通行修，经中博士；三曰明达法令……四曰刚毅多略……皆有孝悌廉公之行”，“光禄四行”是指“质朴、敦厚、逊让、节俭”。[①] 这种强化德行考察的选拔制度为社会教化提供了有力的政策支持。

旌表是对普通人德行的奖励。自秦汉以来，历代王朝都对“忠、孝、节、义”的行为大加推崇，并对有关人员进行精神和物质奖励。表彰的形式是朝廷或地方政府为受表彰者树碑、写传、立牌坊等，并给予一定的物质奖励或者免除赋税劳役等。旌表有一套较完整的选拔程序，包括地方官的奏闻、巡方大吏的采访、地方乡里的认可等。旌表制度实际上是为社会教化树立了一

---

① 张晓玲:《中国古代官吏考课制度中的“官德”》,《光明日报》2013 年 2 月 28 日,第 11 版。

种道德典范，是对教化内容的人格化，对推行社会教化起到了重要的支撑作用。当今社会要进一步健全国家荣誉制度，让德行卓著的人得到荣誉和一定的实质性利益。

三、 发挥学校功能，倡导教化自觉

（一）发挥学校教育的教化功能

学校是社会对人集中进行教化的重要场所。《礼记·学记》把学校教育看作是教化最重要的途径，认为“建国君民，教学为先”，“化民成俗，其必由学”。孟子认为，设立官学就是为了教化百姓，“夏曰校，殷曰序，周曰庠，学则三代共之，皆所以明人伦也”[①]。学校，特别是官学，由于受到政府的直接管辖和控制，因而在推行教化上更加系统、正规。例如《学记》中总结的大学对学生的培养要求是，逐步达到“离经”与“辨志”、“敬业”与“乐群”、“博习”与“亲师”、“论学”与“取友”、“知类”与“通达”的统一。这些要求将智育目标和德育目标相结合，使核心价值观融入教育的整个过程，可谓智德双修。

学校的首要任务是教育学生成为“人”。当代中国的各级教育机构都肩负着立德树人的重任，应自觉承担起教化的使命，在个体教化和社会教化中发挥正能量。扭转某些学校只重视专业教育，不重视思想道德教育的做法，已是势在必行。当前，教育领域确实存在一些轻视思想道德教育的做法，一些人把德育视作约

① 《孟子·滕文公上》。

束，这是对德育和教化的误解。世界上的任何一种学术系统，最终都是指向人的，都是为了教化和提升人，使人更有尊严。学校及教师不能仅仅满足于研究学术和传授知识，也应当加强师德建设，为社会教化担当责任、贡献力量。

（二）自觉做一个社会教化者

一方面，要做个有教化意识的人。要对社会教化的必要性、重要性以及如何进行教化有清醒的认识，要有自觉的责任担当。要认识到，社会总是要建立在一定的共识和一定的秩序基础上，因而必须进行社会文化整合和思想观念引领。现代政府倡导下的社会教化，其实更多的是一种公共管理职能。作为一个现代人，就该对社会教化有一种理性的理解和把握。

另一方面，要做个自觉进行教化的人。每个人都是这个社会的主人，都应该自觉承担起践行和宣传文明的义务，要对自己有更高的道德要求。特别是各级党政干部、行业精英，更应该让文明伴随自己，紧跟时代步伐，不断完善和超越自我，做有爱心和责任感，有法律意识和法制观念，有现代意识、世界眼光和开放心态的高素质的现代公民。

第五章

博施济众——社会建设中的慈善救助

虽然“慈善”一词是佛教传入中国以后才开始使用的，但慈善的思想和实践在中国早已出现。在汉语语境中，“慈”是指长辈对晚辈的关爱，“善”是指人与人之间的友爱和互助。齐鲁文化中有着丰富的慈善救助资源。一方面，在思想上，齐鲁文化为中国历史上的慈善救助提供了重要的理论指导。如管子的“致民”“安邦”等以民为本的思想被视为慈善救助的理论基础，孔子的“仁”则成为慈善救助的核心思想，孟子的“人皆有不忍人之心”等论述为慈善救助提供了人性根据。正是有了这些思想文化的滋育，才有了后来董仲舒“恻怛爱人”的善心，张载“民胞物与”的慈善境界，以及范仲淹“先天下之忧而忧，后天下之乐而乐”的大善情怀。另一方面，在实践上，齐鲁文化为中国历史上的慈善救助提供了重要的制度设计和方法启示。像齐国、鲁国的大量防灾救灾、宽疾惠民的慈善活动，都为我们今天的慈善救助事业提供了可资借鉴的经验。

第一节　防灾救灾　恤患济众

由于古代生产力水平低下，人们的日常生活很容易受到自然灾害的影响。为此，我国先民很早就意识到灾前预防和灾难救济的重要性，并积累了大量经验和智慧。所谓防灾救灾、恤患济众，主要是指在自然灾害未发生时，以防患于未然的思想为指导，采取各种防备措施，做好自然灾害到来前的各种物质准备和应急预案；在自然灾害发生的情况下，对灾民实施紧急救助，给予物质和精神上的帮助，使灾民渡过难关，尽快恢复正常的生产生活秩序。应该说，防灾救灾、恤患济众对于维护社会稳定，实现社会公平有非常重要的作用。

一、防患未然

防患未然的思想源于《周易》：“君子以思患而豫防之”，说的是君子能未雨绸缪，对某件事能思其后患而预先防备。这是儒家经典关于防患未然哲学思想的最早表述。后来东汉史学家荀悦进一步发展了这种思想，他在《申鉴·杂言》中提出："一曰防，二曰救，三曰戒。先其未然谓之防，发而止之谓之救，行而责之谓之戒。防为上，救次之，戒为下。"防患未然思想得到中国社会的普遍认可，预先防范成为保障社会建设和百姓生活的明智之举。那么，该如何认识防灾的意义，又该做好哪些灾前防范措施？儒家典籍中有大量相关论述和记载，值得我们借鉴。

（一）关涉安危，高度重视

一方面，防灾救灾、恤患济众工作关乎江山社稷。《管子·轻重》中载："桓公问管子曰：'夫汤以七十里之薄，兼桀之天下，其故何也？'管子对曰：'桀者冬不为杠，夏不束柎，以观冻溺，弛牝虎充市，以观其惊骇。至汤而不然，夷竞而积粟，饥者食之，寒者衣之，不资者振之，天下归汤若流水。此桀之所以失其天下也。'"齐桓公问，商汤只有方圆七十里的土地，却能够兼并桀的天下，原因何在？管子这样回答："桀不许百姓冬天在河上架桥，也不许百姓夏天在河里渡筏，以便观看人们受冻和受淹的情况；他把雌虎放在街市上，以便观看人们惊骇的情态。商汤则不是如此，他收贮蔬菜和粮食，给饥饿的人饭吃，给挨冻的人衣穿，对贫困的人给予救济，天下百姓归附商汤如流水，这就是夏桀丧失天下的原因。"如上这段对话说明，是否赈恤百姓关系到江山社稷的存亡。

另一方面，防灾救灾、恤患济众的工作关乎国计民生。孟子强调治国理政当以民为本，面对"凶年饥岁，君之民老弱转乎沟壑，壮者散而之四方者，几千人矣"[①] 这一救灾不力的局面，他当面批评梁惠王，甚至发出了"为民父母，行政不免于率兽而食人，恶在其为民父母也"[②] 的感慨。孟子认为，凡是不关心百姓生活的执政者"皆弃于孔子者也"[③]，也必然会失去人民的支持，人民起来推翻他是理所应当的；假如国家难以兴旺发达，也是这些残暴的君主一手造成的。

古代自然灾害频发，进行防范能够使民众提前做好准备，万一灾害到来，可减少人员伤亡和财产损失，并使百姓生活快速恢复正常。"备豫不虞，古之善教也"[④]，早做预备工作，以防不测之事，这是最好的办法；"备者，国之重也"[⑤]，防备是国家最重要的事情。在当今社会，我们要从注重灾后救助向注重灾前预防转变。

（二）建仓备粟，以待凶饥

民以食为天。对百姓影响最大的莫过于粮食的欠收，灾荒导致饿殍遍野的记载不绝于史，所以粮食储备是国家实施社会救助的前提。《墨子·七患》中指出："仓无备粟，不可以待凶饥"，可见"建仓备粟"对于预防灾荒具有重要意义。有足够的粮食储备，国家就可以防备凶荒，赈济贫民。管子就十分重视储粮工作，《管子·牧民》的第一句话就是"凡有地牧民者，务在四时，守在仓廪"。意思是说，凡是负有守土、治民之责的统治者，务

---

① 《孟子·梁惠王下》。
② 《孟子·梁惠王上》。
③ 《孟子·离娄上》。
④ 《左传·文公六年》。
⑤ 《墨子·七患》。

必要重视四时农事，确保粮食生产。平时做好粮食储备工作，这样不仅“不足以伤民，而农夫敬事力作”①，又能“国有余藏，民有余食”②，真是到了发生凶旱水涝的时候，也可以保证民众的基本生活。《墨子・辞过》也提出类似的主张，认为统治者可以动用国家力量，丰年时把民众手中的余粮收集起来，建仓储粮，荒年时则开仓赈济，这样才能“足以待不然”，更好地应对灾荒和其他突发事件。同时，民众自己也应有所储备，“以备湛旱、岁不为”③。

那么，应储备多少粮食呢?《墨子・七患》记载：“‘国无三年之食者，国非其国也；家无三年之食者，子非其子也。’此之谓国备。”可见，“国备”既是国家的事，也是家庭的事，无论国家还是家庭，都要有三年粮储，否则国非其国，子非其子。《管子・山权数》中则对储粮的过程做了详细描述。齐桓公曾问管子储粮的“权数”，管子说：“王者岁守十分之三，三年与少半成岁，三十七年④而藏十一年与少半。藏三之一不足以伤民，而农夫敬事力作，故天毁地，凶旱水泆，民无入于沟壑乞请者也。”意思是说，成就王业的君主每年要储备粮食收成的十分之三，这样三年多就能有相当于一年粮食收成的储备，三十七年就能有相当于十一年多一点的储备。每年储备三分之一不至于伤害民生，还可以促使农民重视农业并勤奋耕作。即使天灾影响了农业生

① 《管子・山权数》。
② 《管子・禁藏》。
③ 《墨子・杂守》。
④ 原文作“三十一年”。

产，发生凶旱水涝，百姓也不会有死于沟壑或沿街乞讨的。如上材料说明，春秋战国时期的治国者大都认可“耕三余一”的储粮政策。

（三）不误农时，善藏其余

“农事胜则入粟多，入粟多则国富。”[①] 农业生产发展了，国家才会富强，财用才会充足。因此，善于治国理政者必然重视农业生产。只有在农业生产发展的基础上增加粮食储备，才能较好地解决抗灾赈灾问题，进而达到富民强国的目的。管子就把发展农业放在第一位，他在《管子·牧民》中主张：“积于不涸之仓者，务五谷也；藏于不竭之府者，养桑麻、育六畜也。”意思是说，要想使粮仓里的粮食取之不尽，就要努力从事粮食生产；要想使府库里贮藏的财富用之不竭，就要积极种植桑麻，饲养六畜。

发展农业生产，必然要求保障农时。荀子从“王者富民”的角度出发，主张“罕兴力役，无夺农时”[②]，政府在农忙时尽量不要征用劳力，以使农民专心致力于农业生产。“春耕、夏耘、秋收、冬藏四者不失时”，就能做到“五谷不绝而百姓有余食”[③]。只有因循农时，使百姓家有余粮，才能达到富民和抵御灾荒的目的。

（四）厉行节约，修葺设施

我国古代生产力水平低下，以当时的生产工具和生产技术从

① 《管子·治国》。
② 《荀子·富国》。
③ 《荀子·王制》。

事农业生产，只能勉强维持生计，所以要想在灾荒之年生存下去，就要省吃俭用。因此，不仅要搞好生产、不误农时，日常生活中还要善于节约，节约也是预防灾害的有效措施。墨子是当时提倡节约的一个代表人物，他认为："财不足则反之时，食不足则反之用"①，即当财富不足的时候就要注重农时，食物不足的时候就要注意节用，"开源"与"节流"并举。墨子还强调，节用不仅有助于赈灾，而且还应成为一种富民治国的基本国策："其用财节，其自养俭，民富国治。"② 节用、俭朴不应仅是灾荒年岁的一时之议，更应成为一种日常的生活习惯；这样才能存下物资以备灾年所需，并在灾荒发生之后渡过难关。

此外，防灾的硬件设施是不可或缺的，必须做到设施齐备，还要经常修葺加固。管子总结了一系列防灾举措，在《管子·四时》篇中，他反复强调"治堤防，耕芸树艺，正津梁，修沟渎"和"端险阻，修封疆，正千伯"的重要性，要求做好农田水利建设。他在《管子·立政》篇中强调，要"决水潦，通沟渎，修障防，安水藏，使时水虽过度，无害于五谷，岁虽凶旱，有所秎获"，即要排泄积水，疏通沟渠，修整堤坝，以保持蓄水池的安全，做到雨水过多也无害于五谷，干旱时节也能有收成。

二、 政府救助

自然灾害发生以后，积极有效地开展救灾工作，救助受灾群

① 《墨子·七患》。
② 《墨子·辞过》。

众，抚恤灾民，是政府的重要职责。在中国古代的政治文化中，这也是君主所必须实行的仁政之一。在中国古代的历史条件下，官方救助显得异常重要。因为政府掌握着全国的人力、物力、财力，可以有效调度和实施救助。此外，在中国古代特别是先秦时期，受生产力水平低下、政府政策不够完善等因素制约，民间还几乎没有慈善公益方面的组织，民间救助的力量相当薄弱和分散。

（一）领导决策得力，有效实施救助

政府救助的适时启动和有效实施，离不开行政的正确决策、得力领导和周密组织。齐景公时，大雨连着下了十七天，晏子请求向百姓发放粮食，景公置之不理，以至于“百姓老弱，冻寒不得短褐，饥饿不得糟糠，敝撤无走，四顾无告”[①]。晏子怒而辞官，景公才认识到错误，并将他召回。晏子回到朝廷后，迅速组织救灾赈济工作，他“命禀巡氓。家有布缕之本而绝食者，使有终月之委；绝本之家，使有期年之食；无委积之氓，与之薪橑，使足以毕霖雨。令柏巡氓，家室不能御者，予之金，巡求氓寡用财乏者。三日而毕，后者若不用令之罪”[②]。晏子命令禀去巡视灾情，并要求对有纺织工具和原料的缺粮户，要保证他们有一个月的粮食储备；对无纺织工具的缺粮户，要给予一年口粮；对没有积聚柴薪的百姓，要给予柴草、木椽，让他们度过雨灾。他让柏巡视灾情，对家中房屋不能挡雨的人家，发给他们金钱；视察寻

① 《晏子春秋·内篇谏上》。
② 《晏子春秋·内篇谏上》。

找百姓中缺少用度、经济困难的人。全部工作限定三日内做完，超过时限的官员，按不执行命令治罪。由此可见，晏子主持救灾工作决策果断，组织有力，措施到位，这是此次政府救助能够有效开展的关键所在。

灾难面前，为了集中人力物力有效实施救助，为政者应节制饮食和享乐，与百姓同甘共苦，共渡难关。根据先秦典籍的记载，在天灾人祸发生的特殊时期，为了避免国家经济坠入困境、社会秩序陷入混乱，政府不仅号召民众力行节俭，更要求为政者带头节约。正如墨子指出的，为政者要做到“其力时急而自养俭也”①，即需要出力时要奋力而为，且自己的生活要力求俭朴。墨子还提出，灾荒年岁，官员的俸禄应随着民众收成的减少而减少。从中我们可以看出，这些思想和做法闪烁着民本主义思想的光辉，体现了政府的民本意识和自觉行为。

（二）合乎救灾需要，加强组织管理

建立相应的机构，配备相关的人员，这是救灾时加强组织管理的必要之举。先秦典籍中有为救灾而设置官职的记载。《管子·度地》称水、旱、风雾雹霜、疾疫、虫为“五害”，提出“请除五害之说，以水为始。请为置水官”。也就是说，消除五害首先要治水，而治水就应先设水官。

要有效救灾，就要从救灾实际出发，搞好相关的组织管理工作。譬如，《管子》中记载的一套人口登记和管理制度，就是为了从人力上保证治水需要而建立的。《管子·度地》载：

① 《墨子·七患》。

常以秋岁末之时，阅其民，案家人比地，定什伍口数，别男女大小。其不为用者辄免之，有锢病不可作者疾之，可省作者半事之。并行以定甲士当被兵之数，上其都。都以临下，视有余不足之处，辄下水官。水官亦以甲士当被兵之数，与三老、里有司、伍长行里，因父母案行。

这就是说，官府要在每年的秋后农闲时进行普查，核实人口和土地面积，并分别统计男女老幼人数。不能从事治水劳动的，免役；久病未愈者，免役；只能从事部分劳动的，按半劳力处理，从事治河的服务工作。这样，通过遍查掌握了人口层次情况和劳力资源，再确定各地治河所需民工（甲士）的数量，上报“都水官”。都水官根据各处人数多寡，及时将情况通知下级水官。下级水官根据需要，会同三老、里有司、伍长下去检查，挨户核实，并与服役者父母协定服役时间。这样，经过深入细致的调查核实，就能保证治河队伍的数量和质量。

（三）运用经济手段，实行宏观调控

蠲免。蠲免是指对灾民及其他贫困人口减免赋税和徭役。春秋战国时期，各国诸侯为了使自己的国家社会安定，经常会采取多种经济手段来减轻百姓负担，缓解政府与他们之间的矛盾，蠲免就是其中一种常用做法。一是减免赋税。赋税征多了人们负担不起，征少了不敷国用，究竟应征收多少？对此，儒家提出了自己的主张。《论语·颜渊》记载，鲁哀公问有若：“年饥，用不足。如之何？”对曰：“盍彻乎？”鲁哀公问有若，饥荒时用度不足该怎么办？有若提出减轻赋税，并且提出了“百姓足，君孰与不足？百姓不足，君孰与足”[1] 这一著名论断。受儒家这一思想的影响，后世统治者多会在灾荒之年实行减税政策，征收“什一之税”，这样人们就可以渡过难关。二是减少徭役。徭役指的是国家无偿征调百姓所从事的劳务活动，《礼记·王制》中有“用民之力，岁不过三日”的建议。孟子将徭役称作“力役”，并将其和另外两种赋税放在一起讨论，提出了合理使用“布缕之征，粟米之征，力役之征”[2] 的命题。孟子分析认为：“君子用其一，缓其二。用其二而民有殍，用其三而父子离。”[3] 这三种赋税，征收了其中一种，就要缓征其他两种；如果同时征收两种，百姓就会挨饿；同时征收三种，就会导致父子相离、家破人亡。因此，政府应谨慎征收赋税，并在饥荒之年停征所有徭役，以恢复民力，否则国将不国。

放贷赈灾。放贷是西周到春秋战国时期政府常用的救灾方式，主要是指政府在灾荒之年贷给灾民种子、粮食、生产工具等生产资料，让他们能够顺利恢复农业生产，实施自救，以免因耽误农时而使灾情雪上加霜。《管子·揆度》言：“民之无本者，贷之圃强”，“无食者予之陈，无种者贷之新”。这句话的意思是说，对于无本经营的，贷与土地和钱币，把陈粮发给人们食用，把新粮当种子进行耕种。这种向受助者借贷必要的生产资料以帮助他们恢复生产的做法，既履行了政府的救助职责，也培育了灾民的自立精神，被后世称为“农赈”，为历代政府继承并不断发展。

---

① 《论语·颜渊》。
② 《孟子·尽心下》。
③ 《孟子·尽心下》。

以工代赈。通常的做法是由政府组织工役，招募灾民参与其中，灾民可由此获得相应的赈济钱物。这既帮助灾民度过了灾荒，又发展了生产，是一举两得的救助办法。管子较早提出了以工代赈的思想："若岁凶旱水泆，民失本，则修宫室台榭，以前无狗、后无彘者为庸。故修宫室台榭，非丽其乐也，以平国策也。"① 在灾荒期间，国家大兴土木并非是为了享乐，主要目的是为灾民提供一个就业的机会。首先要雇佣那些连猪狗都养不起的极度贫困者，使他们得以养家糊口，维持最基本的生活。晏子也是以工代赈的实践者。有一年齐国发生饥荒，晏子向齐景公请求为民发粟，景公不许。恰逢当时修建景公的路寝之台，晏子就借此招募一些灾民来修筑，并且故意提高他们的酬劳，还加长道路以延长工期，这样经过三年，路台修筑好了，灾民也得到了救助。"晏子令吏重其赁，远其兆，徐其日而不趋。三年台成而民振，故上说乎游，民足乎食。"② 这也是以工代赈的经典例子。

（四）体恤天下百姓，实行"国际"救援

一个有道义感的政府，不但对本国百姓肩负有救灾恤众之职，当他国发生灾荒时，也会去救助他国百姓。这种救助包括停止敌对行为、提供粮食、拯救灾民等。《春秋谷梁传·庄公二十八年》载："诸侯无粟，诸侯相归粟，正也。"一国出现粮荒时，其他有粮国就把自己的粮食运送到这个无粮国，这是正道之举。《左传·僖公元年》言："凡侯伯，救患、分灾、讨罪，礼也。"

① 《管子·乘马数》。

② 《晏子春秋·内篇杂上》。

对诸侯国患难相救，分出财物赈灾，共讨罪人，这是礼制要求所必须做的。

这种国与国相互救助、彼此合作的思想和规定，首先体现在同盟国之间的盟约当中。齐桓公在葵丘会盟的盟书中就规定："无曲防，无遏籴，无有封而不告。"[①] 同盟国之间不能乱筑堤防，以免使邻国遭受水灾；不能阻碍粮食流通，以免别国遭遇灾荒时买不到粮；在灾害发生后，要派大臣到他国去沟通协商，请求帮助。可见，这种"国际"援助在先秦时期已形成制度。《国语·鲁语上》记载，鲁国发生饥荒，臧文仲对鲁庄公说："国有饥馑，卿出告籴，古之制也。辰也备卿，辰请如齐。"臧文仲说，国家遇到饥荒而由卿大夫外出请求援助，是古代的制度，也是通行的惯例。于是鲁庄公接受臧文仲的请求，派他赴齐求助。

相反，坐视他国发生灾荒而不施以援救，则是背信弃义的行为，不仅要遭到人们的批评，有的甚至可能导致战争的爆发。在鲁僖公十三年（前 647）晋国发生饥荒时，秦国将大批粮食运往晋国，为晋国应对饥荒做出了巨大贡献。但在鲁僖公十四年（前 646），"秦饥，使乞籴于晋，晋人弗与"[②]。秦国对此大为不满，在渡过难关后即向晋国发动了战争。

用当今的眼光看我们的古人，国家和国家之间的援助行为是何等感人！现代社会，各国人民普遍确立了相互救助的文明理念。放眼当今世界，除了频发的自然灾害，一些国家和地区仍不

---

① 《孟子·告子下》。

② 《左传·僖公十四年》。

太平，战争、冲突、恐怖袭击等频繁威胁着世界人民的生命及财产安全。中国政府在他国面临天灾人祸时，发扬人道主义精神，积极进行国际援助，彰显了患难与共的“人类命运共同体”精神，受到国际社会的广泛赞誉。

三、民间救助

在中国古代社会，社会救助多以国家救助为主体，但是单靠国家救助远远不够。特别是我国国土面积大，自然环境有很大差异，水灾、旱灾、地震等大型自然灾害时有发生。政府在组织官方救助的同时，也希望发挥民间的力量，将民间救助作为对政府救助的一个有力补充，使其成为传统社会中减轻灾害损失、安抚灾民、降低社会动荡风险的一支重要力量，共同促进社会的稳定与和谐。

中国古代的民间救助传统源远流长，在儒家仁爱思想的影响下，中国人民养成了乐善好施、慈爱互助的美好品德。民间慈善救助是指社会组织和个人自愿对遭受自然灾害、失去劳动能力或者其他低收入的人给予物质或精神帮助，以满足其基本生活需求。民间的相互救助，透露出的是人作为社会性群体共依共存的生命特质。

（一）以血缘关系为基础的宗族救助

在氏族社会时期，具有血缘关系的人生活在一起，大家互相帮助，共同应对外界的各种困难。后来经过一个时期的分化，人们逐渐形成了以单个家庭为中心的生活方式，当遇到天灾人祸时，家庭力量单薄往往难以应对，这就需要同一宗族的人相互帮助。在先秦时期，宗族以九族为限，上至高祖，下至玄孙。宗族成员要互帮互助，扶危济困，救助的主要内容是对本族的鳏寡孤独疾贫等成员进行救助帮扶。

宗族救助除了依靠血缘情感因素维系，还依靠法律和明确的规章制度来制约。不能按规定履行宗族救助义务的人，甚至会受到“灭其位”“逐出祖坟”的重罚。管子积极鼓励功臣世家出粮出资，救助本族兄弟和受灾贫困之人，对于“并其财而不出”者，则给予严厉的惩罚。《管子》记载了齐桓公与管子关于宗族救助的一段对话：

> 桓公曰：“大夫多并其财而不出，腐朽五谷而不散。”管子对曰：“请以令召城阳大夫而请之。”桓公曰：“何哉？”管子对曰：“‘城阳大夫嬖宠被絺纮，鹅鹜含余秫，齐钟鼓之声，吹笙篪，同姓不入，伯叔父母远近兄弟皆寒而不得衣，饥而不得食。子欲尽忠于寡人，能乎？故子毋复见寡人。’灭其位，杜其门而不出。”功臣之家皆争发其积藏，出其资财，以予其远近兄弟。以为未足，又收国中之贫病孤独老不能自食之萌，皆与得焉。故桓公推仁立义，功臣之家兄弟相戚，骨肉相亲，国无饥民。①

齐桓公说，许多大夫都隐藏他们的财物而不愿提供出来，粮

① 《管子·轻重丁》。

食腐烂了也不肯散给贫民。对此，管子建议齐桓公下令召见城阳大夫，并对他进行谴责。齐桓公问，怎样谴责呢？管子让齐桓公这样问："城阳大夫，你姬妾穿着高贵的衣服，鹅鸭有吃不完的剩食，鸣钟击鼓，吹笙奏篪，乐得快活。然而同姓宗亲进不了你的家门，伯叔父母、远近兄弟也都寒不得衣，饥不得食。你这样还能尽忠于我吗？你再也不要来见我了。"管子让齐桓公免掉他的爵位，封禁门户不许他外出。这样一来，功臣之家都争着动用积蓄，拿出财物来救济远近兄弟；这还不够，他们又帮助国内的贫、病、孤、独、老等不能自给的人，使之得有生计。所以，只要推仁行义，功臣世家也就会兄弟相亲、骨肉相爱，国内也就没有难民了。

这种对救助行为的管理办法至少说明，如果齐桓公不剥夺城阳大夫的爵位并限制其自由，单凭言传身教，恐怕很难达到"推仁立义"的效果。这个故事蕴含的一条重要道理就是，社会治理不能单凭德教，从善如流离不开制度建设。

（二）以仁爱之心为基础的个人救助

一是邻里乡党之间团结友爱的互助行为。熟人社会下的相互救助与宗族救助有着千丝万缕的联系，但又不同于宗族互助，它是对以血缘关系为主的社会关系的一种突破。在国家救助难以惠及的一些农村地区，这是一种十分可贵的人与人之间守望相助的友爱精神。孟子所言"死徙无出乡，乡田同井，出入相友，守望相助，疾病相扶持，则百姓亲睦"①，说的就是一种温暖的邻里互

① 《孟子·滕文公上》。

助的友爱之情。古代“睦乃四邻”的故事很多，如春秋时期子罕不阻南邻排水，东晋陶渊明移居南村，东汉司马徽让猪，元代訾汝道施善，明朝礼部尚书杨翥卖驴等，都体现了古人“亲仁善邻”的传统美德。

二是陌生人之间的慈善互助。灾荒年份常见善人给灾民施粥，这种慈善方法比较直接，能使更多的人受益。赈粥济民能够使灾民得到维持生命的最基本保障，是最为简便易行的慈善行为，因此，不论是官方还是民间都广泛采用。“嗟来之食”的成语就与灾年救济有关。

此外，当时社会上已经形成一些约定俗成的慈善风俗。比如在秋季收获时，人们会特意留下一些庄稼不予收割，让寡妇孤儿等困苦百姓捡拾以作为食物的补充：“彼有不获稚，此有不敛穧，彼有遗秉，此有滞穗，伊寡妇之利。”① 《左传·僖公十三年》里有这样一句话：“天灾流行，国家代有。救灾恤邻，道也。行道有福。”意思是说，各国都免不了受灾，救济灾荒、抚恤邻邦，是有道义的行为；按道义行事，自然会有福报。由此可知，最晚到春秋时期，民间救济作为一种善行义举已得到普遍认同，并成为一种道德规范。到了汉朝，在国家层面表彰乐善好施的民间慈善家已成为惯例。

---

① 《诗经·小雅·大田》。

第二节　敬老慈幼　宽疾惠民

任何一个社会都存在弱势群体，如老人、儿童等。老有所终，幼有所长，鳏寡孤独废疾者皆有所养，是儒家美好的社会理想。先秦儒家以仁爱精神和民本思想为指导，倡导建立一个公平正义的大同社会；同时在现实中，他们也积极对弱势群体施以社会救济。

一、晨昏定省，养老孝亲

对政府来说，制定和推行针对老年人的慈善措施，有利于赢得民心，维护社会稳定，也有利于社会的发展。尊老敬老是中华民族的优良传统。孔子在子路问及自己的志向时说："老者安之，朋友信之，少者怀之。"[①] 孔子把"老者安之"放在第一位，在他看来，老年人能安度晩年是理想社会的首要特征。

（一）大力提倡敬老养老

敬老养老是我国的一项优良传统。我国自古以来就注重孝道，特别是汉朝建立后，统治者更是强调要以"孝"治天下。正是由于对敬老养老的大力倡导，所以中国传统文化中关于"孝"的资源是极为丰富的，这就为老年人的老有所养提供了良好的社

① 《论语·公冶长》。

会舆论基础。

敬老养老具有重要的政治意义。“其为人也孝弟，而好犯上者，鲜矣；不好犯上，而好作乱者，未之有也。”[①] 孔子认为，平时孝敬父母的人，很少有喜欢冒犯上级的；不喜欢冒犯上级，而喜欢犯上作乱的人是没有的。这说明提倡敬老养老不但可以安顿老人，而且可以规范人们的行为，起到维护社会秩序的作用。

（二）重视老人生活起居

在中国古代知识分子的笔下，春秋时期的老年人在生活起居方面享受着政府周到的服务和照顾。地方政府设有“掌老”“掌幼”“掌养疾”“掌媒”“掌病”“通穷”等专官。其中，“掌老”就是专门负责照顾老年人的官员，他们要定期慰问、看望老人；“掌病”负责巡行国内，以问病为职任，国家还明确规定了不同年龄老人问病的周期。

> 所谓问疾者，凡国、都皆有掌病。士人有病者，掌病以上令问之。九十以上，日一问；八十以上，二日一问；七十以上，三日一问；众庶，五日一问。疾甚者，以告上，身问之。掌病行于国中，以问病为事。此之谓问病。[②]

意思是说，在理想状态下，城邑、国都均设置掌病之官，士民有病者，掌病之官要代表君主前往慰问。90 岁以上的病人，每

---

① 《论语·学而》。
② 《管子·入国》。

天一慰问；80 岁以上的病人，两天一慰问；70 岁以上的病人，三天一慰问；一般病人，五天一慰问。有患重病者，要报告君主，由君主前去慰问。

关于老年人的生活安排和福利待遇，先秦思想家们做了较为详尽的设计："年七十已上，一子无征，三月有馈肉；八十已上，二子无征，月有馈肉；九十已上，尽家无征，日有酒肉。死，上共棺椁。劝子弟：精膳食，问所欲，求所嗜。此之谓老老。"① 意思是说，家中有 70 岁以上的老人，可免除其一子的力役，每三个月国家就会馈赠肉食；家中有 80 岁以上的老人，可免除其二子的力役，每月国家都会馈赠肉食；家中有 90 岁以上的老人，则免除全家的力役，每天国家都会馈赠肉食。这些老人如果去世，国家也会提供棺椁。要告诫和教育老人的子弟：精心为老人准备膳食，询问和了解老人的要求和欲望。这些规定和政策，一是表示对长寿老人的敬重，二是表示对敬老家庭的褒扬，三是鼓励用制度保障子女有足够的时间留在家里，专职奉养和照顾老人。这些救助老人的政策设计如果能真正落地，就能对老人的生活起到很好的保障作用。

（三）免除赋役，减免刑罚

先秦时期，老年人在赋税和徭役方面都受到一定的照顾。《礼记·王制》中规定："五十不从力政，六十不与服戎"，就是说人到五十岁不服劳役，到六十岁不服兵役。《国语·鲁语下》中规定"任力以夫，而议其老幼"，即要按照各家男丁的数目分

① 《管子·入国》。

派劳役，并且要对那些年老和幼小的男子给予优待和照顾。这些规定，一方面是考虑到老人体力不足等实际情况，另一方面也体现了社会对老人的尊重。

另外，对犯罪的老人减免刑罚也是对老人救助的重要方面。《管子·戒》中说："老弱勿刑，参宥而后弊"，对于年老体弱的人不施行刑罚，就算是犯罪了也要宽恕三次之后再定罪。《礼记·曲礼上》中记载："八十九十曰耄，七年曰悼；悼与耄，虽有罪，不加刑焉。"八九十岁的人称耄，七岁的孩子称悼。"悼"者和"耄"者即使有罪，也不会被判处刑罚。平民老者得到国家法律的宽待，刑罚得到减免，这体现了社会对老人的人文关怀。

（四）惩罚不孝、不敬行为

对不孝敬老人的人，要用法律来管束和制裁。《尚书·康诰》中周成王告诫康叔："元恶大憝，矧惟不孝不友。子弗祗服厥父事，大伤厥考心……刑兹无赦。"周成王将不孝顺不友爱、令父亲伤心的人视为罪大恶极者，要求康叔严加惩罚而不要稍有宽恕。管子也曾教导负责考核选拔人才的官员说："士出入无常，不敬老而营富，行此三者，有罪无赦。耕者出入不应于父兄，用力不农，不事贤，行此三者，有罪无赦。"[1] 对士而言，出入没有常规，不孝敬老人，并且营利谋富，有这三种行为，绝不宽恕；对于种田的人，出入不问候父兄，不勤于耕作，不礼敬贤人，有这三种行为，绝不宽恕。这应该是对敬老道德法律化的最早探索。

① 《管子·大匡》。

同时，为了体现对老人的尊重，侮辱老人的人要受到谴责和惩罚。《孟子·离娄下》中指出："世俗所谓不孝者五：惰其四支，不顾父母之养，一不孝也；博弈好饮酒，不顾父母之养，二不孝也；好货财，私妻子，不顾父母之养，三不孝也；从耳目之欲，以为父母戮，四不孝也；好勇斗狠，以危父母，五不孝也。"在上述"不孝"的五个方面中，有三个是关于"不顾父母之养"的，可见当时社会对侍奉父母是多么重视。

二、慈幼恤孤，呵护成长

"养老长幼，待之而后存。"① 敬养老人，这是我们社会得以长存的精神依靠；抚育儿童，更是关系国家未来的大事。保障儿童权益，呵护儿童成长，已成为现代社会的共识以及衡量一个社会文明程度的标尺。其实回望历史，在中国古代，我们的先人早就在保护和教育儿童方面做出了许多了不起的探索，在此从如下三个方面略加讨论。

（一）对儿童权益予以保护

早在两千多年前，中国古人就已具有了保护儿童权益的意识。一次，齐宣王问道于孟子，孟子道出了"幼吾幼，以及人之幼"② 的箴言，并将这句话蕴含的"人皆有不忍人之心"的道理上升到治国理政的高度，认为如果能做到这一点，"天下可运之

① 《荀子·蚕赋》。
② 《孟子·梁惠王上》。

掌上”①。孟子的这一论断，可以视作中国古代的一种儿童权益保护理论。

据《周礼·地官》“大司徒”条载，周王朝曾出台了六项“息民”政策，其中第一条就是“慈幼”。何谓“慈幼”？郑玄称：“慈幼，谓爱幼少也。”这是周王朝从国家层面提出的关爱、保护儿童的政策，说明保护儿童对于国家发展具有突出的重要性。公元前 7 世纪中期，由齐桓公发起，齐、鲁、宋、卫、郑、许、曹等国在葵丘会盟，周襄王也派员参加。《孟子·告子下》记载，齐桓公在会上提出了盟约，其中第三条就是“敬老慈幼，无忘宾旅”。这足以说明，“慈幼”的倡议在当时得到了各诸侯国的积极响应，并被用类似法律的形式确定下来。

（二）对家有幼儿者予以照顾

由于幼儿的健康成长关系着国家和宗族的延续与发展，管子对此给予了特别的重视。“九惠之教”中的“慈幼”和“恤孤”即为幼儿救助方面的内容。

对家有幼儿者，应给予怎样的照顾？《管子·入国》给出的政策设计是：“所谓慈幼者，凡国、都皆有掌幼，士民有子，子有幼弱不胜养为累者，有三幼者无妇征，四幼者尽家无征，五幼又予之葆。受二人之食，能事而后止。此之谓慈幼。”意思是说，在国、都设立专门的“掌幼”之官，凡士民有幼弱子女无力供养而成为拖累的，国家会给予必要的救助。对于养三个幼儿的家庭，免除妇女的征役；养四个幼儿的，全家免征；养五个幼儿

① 《孟子·公孙丑上》。

的，由国家配给保姆。官府要保证两个人的口粮，直到幼儿长大成人为止。

（三）对孤儿给予特别的关爱

管子在齐国行“九惠之教”，其中的“恤孤”说的即是关爱孤儿。他提出在城邑和国都均设“掌孤”之官，并具体规定：“士人死，子孤幼，无父母所养，不能自生者，属之其乡党、知识、故人。”① 士民去世后，他们的孩子无依无靠、难以为生，可由其乡党、朋友、故旧抚养，政府给这些代养者一定的优惠政策：“养一孤者，一子无征；养二孤者，二子无征；养三孤者，尽家无征。掌孤数行问之，必知其食饮饥寒、身之膌胜而哀怜之。”② 管子为了鼓励一般家庭收养孤儿，规定收养一个孤儿可以免去一子劳役，收养两个孤儿可以免去两子劳役，收养三个孤儿则全家人都可免除劳役；而且掌孤官还必须经常慰问孤儿，了解他们的衣食等状况，以体现社会、国家对他们的关爱。

三、振困宽疾，矜贫恤独

穷困之人和残疾之人是国家、社会救助的主要对象。应当给这部分成员提供怎样的救助，才能使他们生存下去，渡过危机？这是关乎社会稳定和国家长治久安的一大课题。我国在先秦时就出台了“振困宽疾”的政策。

---

① 《管子·入国》。
② 《管子·入国》。

（一）振困：赈济穷困的人

管子在齐国行“九惠之教”，其中的第八项即是“振困”，具体做法就是“衣冻寒，食饥渴，匡贫窭，赈罢露，资乏绝”[1]，即给寒冷的人以衣服，给饥渴的人以饮食，救助贫陋，赈济破败人家，资助赤贫。为此他提出，为政者要厚施薄敛，裕民厚生，“养孤老，食常疾，收孤寡”[2]；还要敦促乡党参与本地的贫困救助，弄清贫困户的基本情况，上报官府，以便有针对性地实施救助。

其一，对穷困之人加以调查，并在政策上予以照顾。《管子·问》中一口气提出了70多个问题，其中有“问死事之孤，其未有田宅者有乎”，“问独夫、寡妇、孤寡、疾病者几何人也”，“问乡之良家，其所牧养者几何人矣”，“问邑之贫人，债而食者几何家”。管子提出，要对这些问题进行调查摸底，了解掌握基本情况，然后制定对策。管子对问题的解决之道，在方法论上极具智慧，为有效解决“赈困”问题奠定了基础。

其二，鳏寡孤独都是生活无靠的人，都应当受到国家的救济，政府要给予定量的口粮供应。这个思想出自《礼记·王制》，该书认为，鳏寡孤独四者是“天民之穷而无告者也，皆有常饩”。管子认为，鳏寡孤这三种人，不管有没有劳动能力，官府都要救助，要让路上无乞丐。关于鳏寡的问题，古代社会非常重视。《管子·入国》中记载：“所谓合独者，凡国、都皆有掌媒，丈夫

---

① 《管子·五辅》。
② 《管子·幼官》。

无妻曰鳏，妇人无夫曰寡，取鳏寡而合和之，予田宅而家室之，三年然后事之。此之谓合独。”政府对鳏寡之人进行撮合，使他们组成家庭，并且给他们田地和房屋，三年不对其征税。并且对于老鳏和老寡，政府也同样予以照顾，如《管子·问》载：“问死事之寡，其饩廪何如”，意思是说要调查死于国事者的遗寡，保证她们的基本生活需要，让她们能够安稳度过晚年。《管子·禁藏》中也有“赐鳏寡，振孤独”这样的记载，反映了当时社会对鳏寡孤独救助问题的重视。

其三，对鳏寡孤独等困厄之人，在征收赋税和征发徭役时要适量减免。《国语·鲁语下》中记载了孔子批评季康子的一段话，孔子提出：“鳏、寡、孤、疾，有军旅之出则征之，无则已”，就是主张在征发徭役时要照顾鳏寡孤独等特殊群体，特别是在无战事时应予以免除。

其四，对没有劳动能力、需要救济的鳏寡孤独等人，政府可进行收养。晏子曾规劝齐景公要抚恤鳏寡孤独之人。“晏子曰：‘圣王见贤以乐贤，见不肖以哀不肖。今请求老弱之不养，鳏寡之无室者，论而共秩焉。’公曰：‘诺。’于是老弱有养，鳏寡有室。”[①] 晏子说：“圣明的君主见到贤才应该表示尊重，见到可怜之人要表示同情。我请求对没有人照顾的老弱之人和无家可归的鳏寡之人，由官方来实施救助。”齐景公表示认可，于是没有人照顾的老弱之人有人收养，无家可归的鳏寡之人有了归宿。这体现了统治者对鳏寡孤独等社会弱势群体的关爱。

---

① 《晏子春秋·内篇杂上》。

（二）宽疾：宽待残疾人

《管子》记载："所谓养疾者，凡国、都皆有掌养疾。聋、盲、喑、哑、跛躃、偏枯、握递，不耐自生者，上收而养之疾官，而衣食之，殊身而后止。"① 王子今等著的《中国社会福利史》对此这样解释：所谓"养疾"，即城邑、国都均安排负责"养疾"的官员，规定凡聋、盲、喑、哑、腿部残疾、半身不遂、两手弯曲不能伸直等生活不能自理的人，都由官府收养，安置于疾馆之中，照料衣食起居直至终老。这说明在齐桓公时代，齐国已经有了国家收养残疾人的政策。

国家主要通过如下三种措施对残疾人实施救助。其一，收养一部分残疾人。《礼记·王制》中主张，对残疾人要"各以其器食之"。《礼记·礼运》中提出"矜寡孤独废疾者皆有所养"，"皆有所养"即由国家来收养。其二，对残疾人减税或免税。《周礼》中记载的"宽疾"，其实就是对残疾人减免赋税徭役。《管子·度地》曾记载："常以秋岁末之时，阅其民，案家人比地，定什伍口数，别男女大小。其不为用者辄免之，有锢病不可作者疾之，可省作者半事之。"这里的"有锢病不可作者疾之"，就是指长年有病而无法从事劳动的就按病人对待；不仅如此，其家人的赋役也会因为其需要照顾而酌情减免。其三，根据残疾人的生理特点，为他们安排适当的工作，教给他们一定的技能，即"量能授事"。

在此，我们重点谈一下"量能授事"的政策。这一政策既可

---

① 《管子·入国》。

以使残疾人自食其力，减轻国家负担，还可以发挥他们的才能，为国家出一份力。《礼记·王制》明确规定："喑、聋、跛、躃、断者、侏儒、百工，各以其器食之。""各以其器食之"就是要使残疾者能够各尽其用、自食其力。驼背者使其击钟，身有残疾不能俯视者使其击磬，侏儒者使其执戟，失明者使其唱歌和演奏琴瑟，聋哑者使其掌管灯火。总之，可以让残疾人去做适合他们的事情。《荀子·王制》云："五疾，上收而养之，材而事之，官施而衣食之，兼覆无遗。""以其器食之"和"材而事之"都是说要依据残疾人的能力为他们安排工作，从而使其能够独立生存。

在先秦时期，有些残疾人也凭借自身的德才而居于要位，为国家作出了一定的贡献。如战国时期著名军事家孙膑被陷害受刑后，在齐国得到重用。《春秋谷梁传》记载，鲁国正卿季文子秃头，晋国郤克一只眼失明，卫国孙良夫腿脚不便，曹国公子手有残疾，他们于鲁成公元年（前590）冬十月同时出使齐国。他们在本国都身居要职，并能代表国家出使他国，说明他们虽然生理有缺陷，但一样可以建功立业。残疾人释放光彩，既需要社会大众的宽容，更需要政府制定有利于残疾人施展才能的制度。为了给残疾人创造更适合其工作和生活的环境，在制定礼节等方面要换位思考。例如，一些通行的礼制，在执行时可对残疾人做适当减省。"八十拜君命，一坐再至，瞽亦如之。"① 双目失明的人可以像八十老者那样，在拜谢君主时，一次下跪而头两次至地就可以了，不需要多次跪拜，这正体现出对残疾人的人文关怀。

---

① 《礼记·内则》。

当今，关爱残疾人是社会文明进步的重要标志，做好残疾人救助，改善残疾人生活状况，是我国全面建成小康社会一项重要而紧迫的任务。我们要大力弘扬人道主义精神和中华民族传统美德，增强全社会扶残助残意识，切实优化残疾人事业发展的环境。

第三节　传承善魂　慈爱天下

中国慈善事业正在经历从传统慈善向现代慈善的转型。只有传承中国文化深厚的慈善精神，汲取中国古代慈善实践中形成的制度设计、政策制定、组织实施等多层面的宝贵经验，以现代慈善制度为规制，才能逐步构建起中国特色社会主义慈善救助体系，推动中国社会朝着更加公正合理、和谐美好的方向发展。

一、 培育以大爱精神为核心的慈善精神

慈善事业是一项爱心事业，靠的是社会成员的自觉行动；缺少了慈善精神，也就缺失了慈善事业的魂。乐善好施、扶危济困的中华优秀传统美德，先秦典籍中丰富的慈善智慧，能够为现代慈善精神的培育提供重要的文化基础。近年来，我国先后出台了一系列弘扬中华优秀传统文化、加强社会主义思想道德建设和文化建设的政策措施，这就要求我们，要着重从实践上切实抓好全民思想道德建设这一根本。

现代慈善精神蕴含着一种以平等、广泛的大爱精神为核心的慈善伦理。然而在现阶段，我国还存在慈善精神不足的问题，民众对于慈善事业的关注和参与程度较低，不管是富人群体还是普通民众，投身慈善事业的积极性都不高。分析其中原因，这与我们长期重视工具理性而忽视精神价值有很大关系。家庭教育和学校教育多注重知识教育，而忽视了对学生的情感塑造和道德教育；各种社会传媒有时被利益左右，丧失了对正确价值观的弘扬和引导。因而，为促进当前我国慈善事业的发展，需要从理论和实践的层面着力培育人们的大爱精神。

大爱精神即人的感同身受、推己及人（尤其是陌生人）之心。在孔子看来，大爱精神就是“仁爱之心”。“仁”是孔子伦理思想的核心，“仁”就是“仁者爱人”，就是“己所不欲，勿施于人”。孔子认为，人本性相近，这一相近的本性就是人所具有的仁爱、悲悯之情，仁爱的道德理论适用于社会上每一个人。在孟子那里，大爱精神就是“怵惕恻隐之心”①，就是“老吾老以及人之老，幼吾幼以及人之幼”② 的博爱之心。孟子认为，“人皆有不忍人之心”，“人皆可以为尧舜”③，也就是说在爱心上，天下的每一个人只要把仁义礼智“四端”“扩而充之”，就都能够释放出至圣至爱的情感力量。那么，如何培育人们的大爱精神？

一要营造有利于大爱精神培育的社会文化环境。人是文化环境的产物，个人的真实情感在文化环境特别是在海量信息环境

① 《孟子·公孙丑上》。
② 《孟子·梁惠王上》。
③ 《孟子·告子下》。

下，极易被压制和稀释。爱是一种非常脆弱的道德品质，它不易被复杂的社会环境珍视，却极易被匆匆的社会节奏碾压。因此，要培育大爱精神，就要抵制和批判物质利益至上的价值观和人生观，提倡生命至上、精神至上的价值观和人生观。物质至上，也就是金钱至上，它以利益得失来衡量人的情感、判断人生价值，宣扬“金钱即成功，金钱即名望”等不当价值观念，把人生的一切利益化，严重扭曲了人，扭曲了人的追求。马斯洛曾指出，有必要消除金钱的象征性，即不应该让它象征成功，进而受到社会大众的狂热追求。①

二要设计有利于大爱精神培育的社会制度。这种制度要支持“善有善报，恶有恶报”的价值追求，例如对见义勇为者予以物质奖励，对道德失范行为予以惩罚。要把扬善惩恶的精神和具体措施渗透到社会治理和建设的各种法律和规章中，如在婚姻法、环境保护法、民法等法律条款的设计中，要体现对守德者的褒奖和对道德过错者的惩戒。这是从社会制度层面培育个体良好道德特别是关爱他人意识的一种有益实践。要严厉打击慈善欺骗及其他一切诈骗活动，净化社会环境。

三要在教育实践、职业实践和生活实践中培育个体的大爱精神。人的爱心只有在实践活动中才能得到培育和彰显。家庭教育、学校教育要注意塑造孩子的健康情感和正直人格；各行各业要讲究人性化管理，强调爱业乐业，倡导团结友爱；舆论宣传和社会建设要有人情味，多引导大家关注生活里的微善、微美、微

① ［美］马斯洛：《人性能达到的境界》，林方译，云南人民出版社 1987 年版，第 202 页。

感动。对于社会公众而言，不仅要积极主动地投身社会慈善事业，而且要净化慈善动机，做到动机与行为相统一，使慈善救助动机建立在健康的社会情感基础之上。

二、 构建现代慈善制度

现代慈善和古代慈善毕竟是两个不同的概念，“所谓现代慈善，是指以慈善组织为中介而发生的对陌生他者的伦理关怀，其基本理念是权利保护、组织运营、分工协作和契约精神”①。

现代慈善与中国古代慈善相比，一方面是活动主体不同。现代慈善多以慈善组织为中介，而中国古代尤其是先秦时期的慈善，或者由政府组织实施，或者由个体分散进行，慈善组织欠缺。实际上，先秦时期的慈善救助主要是一种政府行为。到封建社会中后期，中国的慈善活动逐步依托宗族、行会、村社等进行，以血缘、业缘和地缘为主要纽带。受血缘和宗族的深刻影响，中国的慈善活动始终难以跳出私益的窠臼，去对“陌生他者”施以关怀。正如我们在前面所阐述的，中国有着漫长的慈善历史，也积累了丰富的慈善经验；但是，中国传统的慈善活动很难得到广泛持久的传承，更没有渗透到大多数社会公众的自觉意识和行为之中。现代慈善是建立在民主政治、市场经济基础上的，离开了这两种土壤，现代意义上的慈善组织不可能成器，也就不会有现代意义上的慈善事业。中国慈善事业只有从以政府本

① 李健:《慈善法充分彰显现代慈善新理念》,《光明日报》2016 年 3 月 25 日,第 10 版。

位、宗族本位、个体本位为核心的古代慈善向以社会本位为核心的现代慈善转型，才能书写出慈善事业的新篇章。

另一方面，在组织实施的方式上，古代慈善面对的是一个相对简单的社会局面，慈善采取的是一对一的直接捐助形式。但是，现代社会是一个极其复杂的大系统，现代慈善组织是作为联系捐助者和受捐者的中介而存在的，它通过对有限的慈善资源的投入带来撬动式改变，催生了专业化与职业化的运作模式。正是在这一过程中，现代慈善组织把捐助者与受捐者分离开来，使有限的慈善资源得以发挥更大作用，捐助人的善意得以更好成全。现代慈善组织已成为现代慈善事业的核心主体。

因此，要促进中国传统慈善向现代慈善发展，就要制定更为合理的法规政策，保障慈善事业的健康运行。其中，理顺政府与慈善组织之间的关系是一个关键问题。政府应当更多地从宏观管理和制度设计上下功夫，从法律角度上进一步规范慈善事业的性质、组织形式和具体的运作程序，使政府慈善活动与社会慈善活动有一个恰当而明确的分工。

当然，从宏观的经济社会建设来看，政府的职能就是为社会提供公共服务。像建立完善社会保障机制、医疗保障机制、防灾救灾保障机制等，这些不是可做可不做的慈善，而是必须要承担的责任。为人民服务，确立以人民为中心的发展理念，是政府的天职使然。所以，在构建现代慈善事业的大格局下，政府的慈善形象不是淡化了，而是更加突出了；政府的慈善功能不是削弱了，而是加强了。当然，从现代慈善观来看，政府的这种职能要逐步通过与社会慈善组织这一中介的合作来具体落实。政府作为社会保障工作的责任主体，必然有其局限性，引入各种社会慈善组织分担政府的责任就变得非常有必要；在这个过程中，政府要强化组织管理，并将成功经验在更大区域内推广。例如，像“精准扶贫”这样的政府主导性工程，因为恰当地引导社会慈善组织参与其中，工作会更有成效。

三、推进大众慈善

首先，国家要制定相关政策大力推进大众慈善。国家应制定相应的税收政策，对企业的慈善捐赠给予免税待遇，对富人的个人所得和遗产征收超额累进税，以此鼓励并促使企业及富裕阶层社会成员热心慈善事业。应该成立专门的用于发展慈善事业的社会协调机构，处理在慈善捐赠、慈善救助过程中出现的有关问题。所有的慈善组织都应该定期公布善款的来源、管理和使用情况，国家要加大审计力度，确保慈善活动规范推进。政府、媒体、教育等部门要对热心慈善的组织、个人大力表彰，对于那些浪费社会资源的奢侈行为及违背慈善精神的不良行为予以抨击，通过引导良好社会舆论和健康消费观念，来营造以慈善为荣的社会氛围。

其次，社会一切组织要积极参与慈善活动。积极从事慈善活动是企业履行社会责任的最高境界。慈善应与企业发展战略相融合，使其成为企业发展的内在动力。为此，企业要树立战略性慈善意识。战略性慈善是旨在追求社会效益和经济效益的统一而履行社会责任的一种慈善行为，在履行企业社会责任的同时，结合自身战略有针对性地开展慈善活动，可以在实现企业战略目标的前提下取得企业、社会与非营利性组织三方的共赢。

最后，慈善是每个公民的社会责任。要从善如流，见贤思齐。要有感恩之心，以德报德，以善促善。心存善念，善待他人，善待自然，亦是慈善。公民个人不能小觑自己的慈善力量，爱心不分大小，慈善人人可为。大众慈善是慈善事业发展的基石。在互联网时代，由于网络传播具有去中心化、民主化的特点，互动性和共享性较强，公众可以通过网络对民间鲜活的公益项目予以支持，并由此主导民间公益的发展。大众慈善的蓬勃发展将有效传播公益文化，弘扬志愿精神，反映社会需求，推进舆论监督，对中国现代慈善事业的健康发展产生不可估量的作用。

第六章

先齐其家——社会建设中的重要基点

齐鲁文化中关于家庭建设的资源极为丰富，众多的文化世家、优秀的家教家风是齐鲁文化中的华彩乐章。习近平总书记从弘扬中华传统家庭美德、推进整个社会建设的高度，强调家庭建设要搞好“三个注重”：“不论时代发生多大变化，不论生活格局发生多大变化，我们都要重视家庭建设，注重家庭、注重家教、注重家风，发扬光大中华民族传统家庭美德，促进家庭和睦，促进亲人相亲相爱，促进下一代健康成长，促进老年人老有所养，使千千万万个家庭成为国家发展、民族进步、社会和谐的重要基点。”① 习近平总书记的讲话不仅为今后的家庭建设提出了基本要求，也明确指出了搞好家庭建设是搞好社会建设的重要基点。

第一节　欲治其国　先齐其家

中华民族自古以来就重视家庭、重视亲情。重视家庭对国家、社会的特殊作用，是齐鲁文化的优良传统。在漫长的历史长河中，齐鲁文化中优秀的家庭建设传统，陶冶着我们的民族精神，锻造着我们的民族性格，成为建设中国特色社会主义重要的动力源泉。

一、家庭建设是社会建设的基石

（一）古人所谓的“齐家”即是今日所言的家庭建设

在中国人的观念中，国和家不可分离。如钱穆所言，中国文化几乎全部是在家的观念上筑起的。齐鲁文化很早就阐述了“齐家”才能“治国平天下”的道理。齐家，指的是整治家政，也就是进行家庭建设。家庭建设包括“促进家庭和睦，促进亲人相亲相爱，促进下一代健康成长，促进老年人老有所养”等方面的内容，它们相互影响、彼此渗透，构成一个统一的整体。

---

① 《习近平在2015年春节团拜会上的讲话》,《人民日报》2015年2月18日,第2版。

《周易》较早涉及家庭建设问题，其中的“家人”“渐”“蛊”“节”等卦都讲到家庭建设。《尚书》中有关周公训示子侄的记载表明，至迟到西周时期，中国正规的家庭教育便已产生。《礼记·大学》言“欲治其国者，先齐其家”，“所谓治国必齐其家者，其家不可教而能教人者，无之”，明确阐述了家庭建设与“治国平天下”的关系。

中国的政治文化是一种家国同构模式。孝者，本所事父者，推之可以事君；悌者，本所事兄者，推之可以事长；慈者，本所对子者，推之可以使众。这就是将自己的明德由一家推及全国乃至天下。儒家认为，合格的治国者就是要把百姓当作自己的骨肉，对百姓要“如保赤子”。正是在这个意义上，父辈都把训教子女视为自己不可推卸的责任，这是家族巩固和兴盛的需要，同时培养合格后代也关系着国家的发展。

齐家才能家兴。祖籍山东的北齐文学家颜之推的传世之作《颜氏家训》，被誉为“古今家训之祖”。该书“述立身治家之法，辨正时俗之谬”[①]，被后人视为修身齐家、垂训子孙的经典教科书。纵观历史，颜氏子孙在操守与才学方面都有惊世表现。单以唐朝而言，像注解《汉书》的颜师古，书法为世人楷模、影响千年的颜真卿，正气凛然、以身殉国的颜杲卿等，都是颜氏子孙的杰出代表；即使到了宋元两朝，颜氏族人仍然入仕不断。这些都和《颜氏家训》的巨大影响分不开。

---

①　王利器:《颜氏家训集解·叙录》,中华书局2002年版,第576页。

（二）齐家方能治国平天下

习近平指出：“家庭是社会的基本细胞，是人生的第一所学校。”① 只有每一个家庭都健康，才会有全社会的健康；只有每个家庭都和谐，才会有全社会的和谐。1948 年联合国《世界人权宣言》中提到，“家庭是天然的和基本的社会单元”；2004 年世界家庭峰会通过的《三亚宣言》提出：“家庭已被全世界公认为社会的基本单元。家庭发挥着举足轻重的作用，是稳定、延续和发展的源泉。”只有每个人都对家庭尽责、对岗位尽职，千家万户才能勾勒出整个社会的美妙画卷。

古代的思想家和政治家们都把家视为社会的基层组织单位，认为“天下之本在家”②。颜之推提出“整齐门内，提撕子孙”③，即是说要树立家庭观念，建立家规家训，提醒子孙后代不逾矩。《孟子·离娄上》中言：“天下之本在国，国之本在家。”由此可见，古人将齐家看作治国的基础，并将家与国统一起来，形成了一整套以“家国一体”为基础的家庭建设模式。它强调人生在世要以“立德”为本，“立德”就是在家尽“孝”、在国尽“忠”，因为在家如能尽孝则在国必能尽忠，从而把“齐家”和“治国”紧密地联系起来。

① 《习近平在 2015 年春节团拜会上的讲话》,《人民日报》2015 年 2 月 18 日,第 2 版。
② 《申鉴·政体》。
③ 《颜氏家训·序致》。

二、家庭建设是孩子幸福成长的保障

（一）家庭建设为孩子提供良好的成长环境

家是孩子的第一所学校。在中国人的传统观念中，近朱者赤，近墨者黑；儿女行善往往是因为家长正派，有问题的孩子往往来自有问题的家庭。刘向在《说苑·杂言》中言："一室之中，必有主道焉，父母之谓也。故君正则百姓治，父母正则子孙孝慈。是以孔子家儿不知骂，曾子家儿不知怒。所以然者，生而善教也。"就是说，一家之中必定有主持家政的人，父母扮演的就是这样的角色。所以，国君正派，百姓就能治理好；父母正派，子孙就会对上孝敬、对下慈爱。因此，孔子家的孩子不知道骂人，曾子家的孩子不知道生气。之所以会这样，是因为他们生来就有好的家庭环境和家庭教育。可见，父母在孩子的成长中起着至关重要的作用。

此外，建立良好的邻里关系，也是家庭建设的重要内容。一个家庭邻里关系的优劣，是其家庭建设好坏的一个重要评价指标。孔子十分重视家庭的邻里关系，他说"里仁为美"①，认为居处在充满仁爱的邻里才是幸福的。孟母的"三迁择邻"终使孟子发奋笃志，朝夕勤学，成为儒家著名学者。有什么样的成长环境，就会受到什么样的影响，所以要慎重选择邻里。在很大程度上说，一个人所处的环境是否良好直接决定他是高尚还是鄙野，

① 《论语·里仁》。

是开明还是闭塞。无数事实证明，“居必择邻”的古训是很有道理的。

（二）家庭建设为孩子提供“陪伴一生”的教育

首先，家庭给予孩子的是在人生各个阶段都需要的一种特殊的教育。一个人要真正“成人”，就必须经过长期的教育和培养，这种教育和培养首先是从家庭开始的。对任何一个人来说，家庭教育既是最初教育，又是延续一生的教育，他在人生各个阶段都要接受来自家庭成员、成长环境等潜移默化的熏陶和影响。由于家庭成员长期生活在一起，家长对子女的教育就有潜移默化的效果，正如颜之推所言：“夫同言而信，信其所亲；同命而行，行其所服。”① 即同样一句话，人们总是相信亲近的人；同样一个命令，人们总是听从自己所敬佩的人。颜之推在家庭教育中广泛使用身教示范的方法，他说：“人在年少，神情未定，所与款狎，熏渍陶染，言笑举动，无心于学，潜移暗化，自然似之。”② 子女在家庭中接受教育，大多是在活动中无意识接受的，家长的言行对孩子起着潜移默化的熏陶作用。

其次，相对于学校教育，家庭给予孩子的主要是“育”。尽管孩子步入学校后，开始从老师那里获得知识，但家庭教育仍不可少。“教育”内含“教”与“育”两个方面，“教”的内容主要是知识，“育”的内容主要是价值。让一个人知晓生命的价值，理解学习的意义，形成健康的人格，这就是“育”的使命。“育”

---

① 《颜氏家训·序致》。
② 《颜氏家训·慕贤》。

不是学校能单独完成的，它一定要获得家庭的支持。

最后，家庭给予孩子影响最深的是父母的言传身教。莫言曾发表过这样一段博文：“父母仅仅会爱并不及格，因为母鸡也会爱，何况最真挚的爱的另一面往往是最苛虐的酷政。父母必须接受训练，具有相当的质量才行。”中国古代不乏父母以身作则的例子。春秋时鲁国大夫公父文伯的母亲敬姜，她对自己的子女和亲属要求都很严格，留下的一些家训对后世颇有教益。敬姜曾教诲晚辈季康子道：“吾闻之先姑曰：‘君子能劳，后世有继’”①，意思是说君子能做到勤劳，他的后代才会延续下去。语虽简短，却道出了父母当勤勉不辍的道理。战国时期，齐国人田稷的母亲既贤且义，不仅在田稷少时循循善诱，而且在田稷做了大官以后仍然屡屡“警示”。正因为田母的“善诱”和“警示”，田稷才成为齐国的贤相。

现在有一种较为普遍的不良现象，父母或忙于事业而忽略了对孩子的教育，或一心望子成龙却不能让孩子感到温暖。他们对孩子的奖励、惩罚都是围绕知识学习进行的，而不是注重其辨别是非、善恶能力的培养，因此结果往往事与愿违，甚至令人痛心。所以，秉承先秦遗风，注重家庭建设，实在是利家利国之举。

① 《国语·鲁语下》。

三、 家庭建设是国家战略的一部分

（一）从国家战略高度看待家庭建设

传统文化之所以对家庭建设高度重视，是因为它站在国家战略的立场，审视家庭在国家治理和社会建设中的崇高地位。家庭是国家统一和社会安定的重要基础。

欲治理好社会，必先要治理好家庭这一社会的“细胞”。在某种意义上说，社会问题其实都是家庭问题的放大或综合。因此，家庭治理是社会治理的基础。家庭建设既是每个家庭成员的个体事务，也是所有家庭成员共同的事务；既是一家之“私事”，也是国家和社会之“公事”。譬如，未成年人的思想道德教育看似是家庭责任，但事关国家前途、民族命运，事关家庭幸福、社会和谐。习近平总书记多次谈到家庭建设问题，他强调家庭建设是提高民众文明素质的重要前提，是提升国家软实力的重要保障，这也赋予了家庭建设新的历史使命和责任。

（二）以孝治天下：古代的一项国家战略

对于中国古代执政者来说，社会成员在思想情感上能否做到推孝为忠、推家为国，在家与国之间建立同构关系，关系着国家的政治稳定。为此，执政者把“以孝治天下”作为一项重要的国家战略，通过“以孝入法”“举孝廉”等政策，赋予家庭建设特别是家庭教育以极为重要的社会意义。在此形势下，家庭教育的成功与否，直接决定家族能否在整个国家和社会政治生活中占有一席之地。于是父辈都把训教子女视为自己不可推卸的责任，并将其作为兴盛和巩固家族的大事，这就在家和国之间形成一种彼此支撑、相互依赖的良性互动关系。“其为人也孝弟，而好犯上者，鲜矣；不好犯上，而好作乱者，未之有也。”[①] 重视孝道不仅有利于家庭和谐，而且有利于国家和社会的安定。因为“家孝必然国治”的理念已经深入人心，执政者也大都是坚持“求忠臣必于孝子之门”[②]。

“以孝治天下”的语句出自《孝经》。《孝经》认为，“忠”是“孝”的发展和扩大，把“孝”的社会作用推而广之，国君用孝治理国家，可以达到“民用和睦，上下无怨”[③] 的良好效果。

在中国历史上，曾子也曾提出过类似的主张。曾子晚年所处的社会动荡不安，为挽救社稷苍生，他将孝道与忠君联系起来，提出“事君不忠，非孝也”[④] 的主张，忠君成为孝的一部分。曾子将孝敬父母的家庭伦理道德观念纳入政治范畴，体现了以孝治国的政治理想。“先王有至德要道，以顺天下，民用和睦，上下无怨。”[⑤] 意思是说，先王有忠孝仁爱之心，顺应天下人心，则臣民相敬，和睦亲爱，天下一家，可见孝的教化对国家发展、民族进步的益处。所以《宋史・赵葵传》曰：“忠臣以事其君，孝子以事其亲，其本一也。”由此可以看出，传统文化在国家和家庭之间建立了一种清晰的逻辑关系：忠臣必是孝子，家孝必然国治。

① 《论语・学而》。
② 《后汉书・韦彪传》。
③ 《孝经・开宗明义》。
④ 《吕氏春秋・孝行》。
⑤ 《孝经・开宗明义》。

（三）把家庭建设作为国家战略的时代诉求

家庭建设立法（包括家庭教育立法），是家庭建设国家战略化的一项重要措施，也是从源头上促进家庭建设和家庭教育发展的根本大计。一是从目前我国家庭面临的社会环境来看，社会转型、科技进步、教育变革的外部环境给家庭建设带来了新挑战，社会的不安定因素日益增多，家庭建设的意义凸显。二是从我国家庭自身存在的问题看，不赡养老人、家庭暴力和留守儿童、空心家庭等问题严重，亟须以法律制度形式推动形成崇尚家风的社会风气。三是从家庭教育的制度状况看，家庭教育的政策法规相对缺失，家庭教育的主体责任存在缺位，家庭教育的指导、监督、服务等支持系统也有待健全，需要通过立法来加以规范和解决。因此，在国家层面通过制度设计来形成促进家庭建设的良好条件和氛围是很有必要的。2015 年，教育部印发了《关于加强家庭教育工作的指导意见》，将家庭教育工作放在一个历史性的高度上推广，自此我国的家庭教育首次有了“国家标准”。其后，重庆市于 2016 年率先出台《家庭教育促进条例》，为家庭教育立法提供了实践经验。

第二节　家教有方　行德致远

在家庭建设这一系统工程中，家庭教育是基础；在社会教育这一系统工程中，家庭教育是所有教育的基础。齐鲁先哲很早就意识到家庭教育对孩子成长的重要性，像“曾子杀猪”“孟母三迁”等典故，对中国的家庭教育传统产生了深远影响。家庭教育通常指父母或其他年长者对子孙晚辈进行的教育，同时也包括家庭成员之间的相互影响。家庭教育在孩子的成长过程中有着举足轻重、不可替代的作用，同时还对家庭成员的价值观有着深远的影响。

一、及早施教，慈严相济

（一）及早施教，熏渍陶染

在先秦时期的医书《黄帝内经》中，就有关于“胎教”的论述。在《大戴礼记》和贾谊的《新书》等书中，记载有周文王的母亲在怀孕期间对胎儿进行胎教的情况。所谓胎教，就是说怀孕的妇女要心念端正，思无邪，以使胎儿感受母亲的正气；要“目不视恶色，耳不听淫声，口不出敖言”[①]，以防因起心动念、言语造作影响胎儿身心发育。孟母对孟子的教育同样始于胎教，她怀孟子时“席不正不坐，割不正不食”[②]，认为这样孩子出生后才会成为品行端正之人。古代贤母之所以仪态端正，就是把胎教作为家教的第一步，希望胎儿初始即从母亲那里得到良好的感化，为今后养成高贵的品格打下基础。

颜之推在《颜氏家训·勉学》中主张，家庭教育抓得越早越好，“人生小幼，精神专利，长成已后，思虑散逸，固须早教，

① 《列女传·母仪传》。
② 《韩诗外传》。

勿失机也”。子女在年幼时精神专注，精力充沛，而一旦长大，思想就会逐渐变得复杂起来，注意力就容易分散，所以父母应更多关注子女的早期教育，切莫错失良机。颜之推曾深有感触地说：“吾七岁时，诵《灵光殿赋》，至于今日，十年一理，犹不遗忘；二十之外，所诵经书，一月废置，便至荒芜矣。”他还说：“幼而学者，如日出之光；老而学者，如秉烛夜行，犹贤乎瞑目而无见者也。”① 这些都充分说明了早期教育的重要性。

从现代科学角度来看，早期教育的确不可忽视。由于幼儿期的儿童具有可塑性强、容易形成习惯等特点，因此幼儿期是儿童认知发展的最佳时期。家长多用心，孩子将会受益终生；相反，家长懈怠，即便未来加倍付出，也可能会留有诸多遗憾。因此，注重对幼儿进行适当的早期教育很有意义。

（二）慈严相济，训诫引导

慈者，爱也。以爱的态度对待家庭教育，家庭教育才会成功。孔子言：“爱之，能勿劳乎？忠焉，能勿诲乎？”② 意思是说，爱孩子，怎能不为孩子辛勤操劳？忠于家庭，怎能不悉心教育孩子？只有在爱中，人才能“发愤忘食，乐以忘忧，不知老之将至”③；只有在有爱心的地方，才会有教育的奇迹发生。

一是要慈严相济。家长对孩子一般不会缺少爱，但是要做到爱之有度就困难了。缺了这个度，爱便成了溺爱。有度的表现就是对孩子的言行有严格的要求。不管是溺爱还是施教过严，没有

① 《颜氏家训·勉学》。
② 《论语·宪问》。
③ 《论语·述而》。

把握好“度”，都会导致教育的失败。由此，先秦家教主张慈严相济，对子女既不能溺爱放纵，也不能过于苛责。

慈严相济的家教方法，体现了中国哲学阴阳、中庸、辩证等方法论的意蕴。孔子曾提出“为人父，止于慈”[①] 的观点。《颜氏家训》明确指出，不能过严施教，也不可娇惯溺爱，否则只会贻害子女，铸成大错。《左传》载，齐桓公宠幸妇人，对孩子缺乏教育，并且在立嗣问题上举棋不定，导致他死后诸子相互攻伐，国政混乱。这个局面的形成，跟齐桓公没有对孩子施以正确的教育有很大关系。今天看来，慈严相济的家教传统仍然很有意义。“父母威严而有慈，则子女畏慎而生孝矣”[②]，只有慈严结合，家教才会有良好效果。

二是要训诫引导。善于家教者，绝不是一味训诫，而是能够对孩子循循善诱。孟母“断机教子”便是对孩子因势利导的典型案例。为了教育逃学的孟子，孟母把即将织成的一段锦绢拦腰剪成两段。就在孟子惊愕不解时，孟母说道：“你的废学，就像我剪断锦绢一样，都是前功尽弃。你中道废而不学，今后就只能做一些蝇营狗苟的小事。”孟母用“断织”来警喻“辍学”，让孟子幡然醒悟。

当然，中国古代家教中主张“棍棒底下出孝子”的也大有人在。在相当多的古人看来，父母对子女实施体罚是理所当然的事，为了让孩子更好地学习成长，棍棒式的教育必不可少。《尚

① 《礼记·大学》。
② 《颜氏家训·教子》。

书·尧典》就言“鞭作官刑，扑作教刑”，意即对于不勤奋的学生，要罚其体而警其心。韩非子主张教子须严：“故母厚爱处，子多败，推爱也；父薄爱教笞，子多善，用严也。”[①] 他认为母亲对子女厚爱，子女多数没出息；父亲不偏爱而常用体罚，子女多数有出息。《吕氏春秋·荡兵》也主张体罚：“家无怒笞，则竖子、婴儿之有过也立见。”许慎的《说文解字》记载：“父，矩也，家长率教者，从又举杖。”可见，以父亲为代表的家长对子女进行棍棒式教育，可谓是一种文化分工。颜之推在《颜氏家训·教子》中主张，在孩子不听教诲和犯大错时，家长必须对其“苛虐于骨肉”，“楚挞惨其肌肤”。

在当今社会，虽然仍存在一些受人追捧的“虎妈”“狼爸”等教育案例，但“棍棒底下出孝子”的教育方式已逐渐为大多数家庭所摒弃。因为过分严格往往会给孩子幼小的心灵造成难以愈合的创伤，容易使他们产生自卑感、压抑感，甚至出现极端行为。儿童家庭教育需要父母共同配合，父母间的友好相处能为孩子创造良好的家庭环境。关爱孩子，与孩子建立起相互依赖的感情，注重和孩子进行情感交流，如此施教，不仅更容易发现孩子存在的问题，而且更容易让孩子接受。

① 《韩非子·六反》。

二、 遇物而诲， 教事喻德

（一）遇物而诲，抓住日常生活中的事和物施教

家庭教育随机性强，不能像学校教育那样按计划、有体系地进行，而要根据实际生活，抓住机会进行教育，不刻意施教，淡化教育痕迹。遇物则诲，就是在平时的生活中，随时随地抓住看到的、遇到的事和物，对孩子进行相应的教育。

孔子具有遇物而诲的教育思想和教育实践，他常常在谈话交流中和学生展开对重要问题的探讨，引导学生思考反思，激励学生在生活中追求更高的思想境界。就目前所见，“遇物而诲”这一词语是由唐太宗李世民最早提出的。唐太宗是历史上有名的贤明皇帝，不但治国有法，而且教子有方。《贞观政要》卷四《教戒太子诸王》篇载：

> 贞观十八年，太宗谓侍臣曰：“古有胎教世子，朕则不暇。但近自建立太子，遇物必有诲谕。见其临食将饭，谓曰：‘汝知饭乎?’对曰：‘不知。’曰：‘凡稼穑艰难，皆出人力，不夺其时，常有此饭。’见其乘马，又谓曰：‘汝知马乎?’对曰：‘不知。’曰：‘能代人劳苦者也，以时消息，不尽其力，则可以常有马也。’见其乘舟，又谓曰：‘汝知舟乎?’对曰：‘不知。’曰：‘舟所以比人君，水所以比黎庶，水能载舟，亦能覆舟。尔方为人主，可不畏惧!’见其休于曲木之下，又谓曰：‘汝知此树乎?’对曰：‘不知。’曰：

‘此木虽曲，得绳则正，为人君虽无道，受谏则圣，此傅说所言，可以自鉴。’”①

在吃饭时，唐太宗告诫太子李治，凡是播种、收获的农事都很艰难辛苦，全靠农民努力劳作，不去占用他们劳作的时间，他们才能一直有饭吃。看到太子骑马，唐太宗又告诫说，马是人代步的工具，要使它劳逸结合，不过度消耗其体力，这样才可以常有马骑。看到太子乘船，唐太宗又说，船好比君主，水好比百姓，水能载舟，也能覆舟，太子作为储君，对百姓不可不畏惧！看到太子在弯曲的树下休息，唐太宗又说，这树虽然弯曲，但打上墨线就可以做出笔直的木材。做君主的虽然有时会做出一些荒唐的事，但是只要虚心接受谏诤就可以圣明，这是傅说讲的道理，可以对照自己作为鉴戒。从中我们可以看出唐太宗遇物而诲的家庭教育方法和教育艺术。

“遇事而诲，遇物而思”，家长要对“物”有所选择，善于把孩子学习生活中的困惑作为教育的切入点，选择有教育意义的事物进行说理。同时，家长要注重引导，不搞空洞说教。要培养孩子的自主性，激发孩子的学习兴趣，把生活中出现的问题交给孩子讨论、评判。要培养孩子的自我判断、自我选择能力，把教育的要求转化为他们的心理需求，引导他们用心灵去感悟。

① 《资治通鉴·唐纪十三》。

（二）教事喻德，在做事的过程中进行道德教育

“师也者，教之以事而喻诸德者也。”[①]“君子之教，喻也。”[②]老师和家长要注意在教给孩子做事方法的过程中，通过引述相同或相似的事例，以引类设喻的方式对其进行启发诱导，培养孩子立世之德，并把教事与喻德有机结合起来。这种教育方式往往既富有哲理又通俗易懂，孩子也易于接受。

孔子教育孔鲤学习《诗经》中的《周南》与《召南》，没有从正面直说学习“二南”的重要性，而是通过“人而不为《周南》《召南》，其犹正墙面而立也与”[③]的比喻，说明不学“二南”犹如面墙而立，目无所见。如此喻教，显示了孔子高超的教育艺术。《孔子家语·致思》还记载了孔子勉励孔鲤认真学习的事例。“君子不可以不学，其容不可以不饬。……夫远而有光者，饬也；近而愈明者，学也。”他说人不可以不学习，就如同容貌不可以不整理，人只有把容貌修饰端庄，才能给人一种明礼、光亮的感觉。这一比喻形象而深刻地说明了学习的重要性。

古人也善用范例和对比来说明道理，用前人或身边人来举例，可以给受教者留下深刻印象。在《颜氏家训·勉学》中，颜之推将亲眼目睹的梁朝贵族子弟的养尊处优、不学无术与他们遭遇动乱后的穷困潦倒作对比，给子弟们阐述了“‘积财千万，不如薄伎在身。’伎之易习而可贵者，无过读书也”的道理。他通过正反两个方面的对比，说明了读书学习对于在动乱中安身立命的重要性。

---

① 《礼记·文王世子》。
② 《礼记·学记》。
③ 《论语·阳货》。

三、 因材施教， 循序渐进

（一）把因材施教做到细致入微

每个孩子都有自己的特点，家长要注意了解和认识这些特点，不能只是按照自己的意愿强行施教。所谓因材施教，就是根据孩子性格和能力发展的不同特点实施教育。因材施教是孔子教育思想的精华，这一理念和原则鲜明地体现于孔子一生的教育教学实践中。同一个问题，孔子针对学生不同的情况，有着不同的回答。譬如樊迟、仲弓、司马牛、子张和颜渊均曾向孔子请教关于“仁”的问题，而孔子则做出了五种不同的回答。

樊迟问仁。子曰：“爱人。”

仲弓问仁。子曰：“出门如见大宾，使民如承大祭。己所不欲，勿施于人。在邦无怨，在家无怨。”

司马牛问仁。子曰：“仁者，其言也讱。”曰：“其言也讱，斯谓之仁已乎？”子曰：“为之难，言之得无讱乎？”

子张问仁于孔子。孔子曰：“能行五者于天下，为仁矣。”“请问之。”曰：“恭、宽、信、敏、惠。恭则不侮，宽则得众，信则人任焉，敏则有功，惠则足以使人。”

颜渊问仁。子曰：“克己复礼为仁。一日克己复礼，天下归仁焉。为仁由己，而由人乎哉？”颜渊曰：“请问其目。”子曰：“非礼勿视，非礼勿听，非礼勿言，非礼勿动。”

在以上引文中，除“子张问仁”出自《论语·阳货》篇，其他四段均出自《论语·颜渊》篇。因为樊迟反应较为迟钝，不能一下子理解太多道理，孔子对他就只讲“仁”的最基本概念，即善待别人为“仁”；仲弓为人不够谦恭，对别人不够体谅，孔子就教他忠恕之道，希望他能将心比心，推己及人；司马牛急躁多言，孔子就引导他做到慎言慎行，遇事切勿急于表态；子张有时偏激，好走极端，孔子就细致讲解了“仁”的内涵，教他如何恰当与人相处；颜渊德行过人，是孔子最欣赏的弟子，所以孔子就用“仁”的最高标准来要求他，即视、听、言、行等一举一动都要合乎礼的规范。

由此可见，在孔子这里，因材施教已达到细致入微的程度。孔子之所以能做得如此精道，在于他对每个学生爱得深，了解得透；也在于他对每个学生的人生发展有着真诚而强烈的责任感。颜渊的德行之高，子路的为政之功，子贡的辞令之才等，都可以说是孔子因材施教的结果。因此，每一位家长都应该静下心来，在如何对孩子因材施教上，好好和孔夫子做一番心灵的对话。

（二）把循序渐进做到科学合理

循序渐进是指根据子女不同时期的发展特点进行教育。西汉初年的贾谊在《论治安策》中言：“习与智长，故切而不愧；化与心成，故中道若性。”大意是说，学习活动与智力开发同步进行，如此，今后无论如何反省都无愧于心；接受教化与心智锻炼同步进行，那么道德礼义观念就如同天生本性一般。可见，家庭教育的循序渐进原则，其依据的是孩子的智力和理解接受能力。

早在西周时期，贵族家庭就会按照儿童年龄安排不同的教育内容。《礼记·内则》载：

> 子能食食，教以右手；能言，男“唯”女“俞”。……六年，教之数与方名。七年，男女不同席，不共食。八年，出入门户及即席饮食，必后长者，始教之让。九年，教之数日。十年，出就外傅，居宿于外，学书记，衣不帛襦裤，礼帅初，朝夕学幼仪，请肄简谅。

孩子在家庭中，从小就应该进行基本的生活技能和习惯训练。如幼儿会自己吃饭了，就要教他使用右手；幼儿会说话了，就要教他学习答话，男孩用“唯”，女孩用“俞”等。这都是一些初步的礼仪规则。六岁时要教孩子识数和辨认方向。从七岁开始要进行男女有别的教育，如男女不同席、不共食。八岁的时候，要教孩子进出及就席吃饭时礼让长者的规则，不得抢行、抢食。九岁时要教孩子学习计算日期。男孩十岁时外出求学，住宿在外，学习写字和记事，不能穿帛制的衣裤，要遵循当初在家学习的谦让之礼，每天都学习初级的礼仪，向老师请教学习，要做到简要而信实。

现代心理学研究表明，人的思维发展有一定的阶段性和层次性，依据不同阶段和层次特点实施教育是一种科学的教育方法。我们的先人根据儿童不同时期身心发展的情况实施教育，制定不同成长阶段的教学内容，这一循序渐进的做法符合教育规律，值得我们借鉴学习。

四、身教言传，习与体成

齐鲁家庭教育观念认为，家长要身体力行，身教言传。《礼记·曲礼》中说“幼子常视毋诳”，意为小孩常在父母身边，父母不要说谎；《颜氏家训·勉学》言“父当以学为教”，即父亲要以自身的勤奋学习来带动影响孩子。这些都是说父母要用一言一行来教育孩子。

（一）用人格影响人格

子女的身上有着父母的影子。子女良好人格的形成离不开父母长辈的榜样示范。老舍曾在《我的母亲》一文中写道：“从私塾到小学，到中学，我经历过起码有廿位老师吧，其中有给我很大影响的，也有毫无影响的，但是我的真正的教师，把性格传给我的，是我的母亲。母亲并不识字，她给我的是生命的教育。”这段话指出了上行下效的教育规律，也强调了以身作则、言传身教的重要性。

为什么要用人格去影响孩子，而不是突出讲道理、教知识的作用？曾子就言：“婴儿非与戏也。婴儿非有知也，待父母而学者也，听父母之教。今子欺之，是教子欺也。母欺子，子而不信其母，非以成教也。”[①] 小孩子还听不懂道理，也学不进太多的知识，他是照着父母的言行来学习的；父母欺骗孩子，就是在教孩子骗人。这说明处于幼儿期的孩童尚无辨别善恶、对错的能力，

---

① 《韩非子·外储说左上》。

他们主要出于好奇或本能模仿学习，父母就成了子女最直接的学习模仿对象。

家长对于孩子的这种影响作用，用一个贴切的词来形容叫“风化”。这是颜之推在谈到成人示范作用时所用的词汇。他说：“夫风化者，自上而行于下者也，自先而施于后者也。”[①] 可见，“风化”乃是一种自然的仿效，不需家长强制，其效果如何取决于长辈自身。在家庭中，子女深受这种“风化”的熏陶，父母的为人品性从其孩子身上便可窥知一二。因而在家庭教育中，父母要时刻注意自身的言行，以便为子女树立良好的学习榜样。

人格影响人格的效果如何？我们从司马光教子的故事中便可窥见一斑。司马光一生俭素，反对华靡，其子司马康受其影响，为人廉洁，口不言财，以至“途之人见其容止，虽不识皆知为司马氏之子也”[②]。这充分说明，一个人的言行风貌能够反映出其家庭的素养和风格，父母的身教言传对于孩子人格的养成有着不可忽视的影响。

（二）培育形成习惯

叶圣陶曾说，什么是教育？养成良好的习惯就是教育。父母教育孩子的第一要务就是培养孩子的好习惯。孔子言：“少成则若性也，习惯若自然也”[③]，意即小时候学的东西就像天性一样，不容易改变。

儿童的习惯养成自出生时就开始了，因此从小对孩子施以细

---

① 《颜氏家训·治家》。
② 《宋史·司马康传》。
③ 《孔子家语·七十二弟子解》。

致的行为指导，就能够保证孩子从小养成好的习惯。我们的先人很早就认识到了儿童教育重在培养良好行为习惯，这种教育主张发展至宋代更趋于理论化。宋代理学家们从认识天理的高度来看待家教，因而对儿童行为习惯的培育更加系统和严格。如大教育家朱熹就特别重视儿童教育，为了规范各个时期儿童行为习惯的养成，他著下《童蒙须知》，从五个方面制定了一个详细的儿童行为准则：童蒙之学应始于衣服冠履，次及言语步趋，次及洒扫涓洁，次及读书写字，及杂细事宜，皆所当知。

要让孩子在耳濡目染中形成好的习惯。耳濡目染即指耳朵经常听到，眼睛经常看到，不知不觉地受到影响；这是强调文化环境对人的影响作用之大。荀子言："蓬生麻中，不扶而直；白沙在涅，与之俱黑"[①]，形象地说明了文化环境对人的强大影响力。齐鲁家庭教育非常强调家庭环境、家庭风气对子女的影响，"孟母三迁"成为家庭教育中重视环境对子女影响的典范。父母注重环境的教育作用，注重以身作则，就会为孩子的成长提供良好的基础。

第三节 家风留香 家道兴盛

家风是家庭和家族的传统风尚。家庭成员一代代延续，必然会形成世代相传的价值取向和处世原则，形成特定的生活习惯和

① 《荀子·劝学》。

相对稳定的生活方式等，这一切的总和就叫家风。家风往往以家训、家规为载体，是家教的重要成果。

从社会视角来看，家风是民风的一扇窗户，是国家风气的基本反映形式。从形成过程来看，家风是社会建设在家庭层面的细化与落实，是家庭建设长年累月形成的精神结晶。加强家风建设，能够为社会建设打下良好的基础，有助于进一步优化社会风气。齐鲁大地上的家风，是齐鲁文化重要的呈现形式和传承载体。齐鲁家风具有丰富的文化内容，在此着重阐述如下四个方面的家风。

一、崇德：忠厚传家

（一）德行立世

良好的思想品德是立身之本，将孩子培养成为一个有良知、能自立的堂堂正正的人，是家庭教育的基本目标。为此，孔子直接提出了“崇德”的概念。什么是“崇德”?《论语·颜渊》记载：“子曰：‘主忠信，徙义，崇德也。’”孔子师徒所说的“崇德”，即是一种驱动自己从事有德行的实践活动的能力，同时也指对这种能力的培养。

东汉著名经学家郑玄在晚年写下《戒子益恩书》一文，希望儿子能成为道德高尚的人。他说：

> 咨尔茕茕一夫，曾无同生相依。其勖求君子之道，研钻勿替，敬慎威仪，以近有德。显誉成于僚友，德行立于己志。若致声称，亦有荣于所生，可不深念邪！可不深念邪！

郑玄在这段话里殷切地勉励儿子，要努力探求君子之道，深入钻研不懈怠，恭敬、谨慎、威严、讲礼仪，以便做个有道德的人。在郑玄看来，一个人要有显赫的名声，要靠朋友同事的推崇；而要成为以高尚德行立足于世的人，则要靠自己的志向。一个人真能做到以德行立世留名，那对其父母来说也是一件荣耀的事。

（二）忠厚为人

忠厚的本义是指忠诚、厚道。忠厚历来是儒家修身的追求，也是儒家齐家的手段。齐鲁儿女把一个“忠”字看作最大的美德，把忠厚为人、忠厚传家视作家风的共同追求。古人很早就认识到忠厚乃为人之本，并将忠厚注入家训家规，使其成为后世子孙修身齐家的行动纲领。

一方面，忠厚为人是从古至今山东人自觉遵循的行为规范。《列女传》中记载的一个故事很能说明这一点。当时齐国攻打鲁国，鲁国一位村妇在只能带着一个孩子逃亡的情况下，不得已丢下自己的孩子，带着侄子逃命。面对疑惑不解的齐国将军，这位鲁国妇人说，丢掉自己的孩子虽然心痛，但合于道义。齐国将军感叹鲁国是仁义之国，不忍攻打，便回去禀报国君，竟也获得同意。现在，山东茌平县还建有纪念这位鲁国村妇的义姑祠，她对道义的信守和追求，感化着一代代齐鲁儿女。

另一方面，忠厚传家是山东人家风的显著特点。王孙贾侍奉齐闵王，适值楚人淖齿在齐为相并发动叛乱，齐闵王下落不明（后来才知被淖齿杀害）。王孙贾同齐王失去联系，因而受到母亲的责难：“你早上出门，我这个做母亲的就倚门而望；你晚上不归，我这个做母亲的就倚闾而望。如今你侍奉齐王，齐王失踪，你却不知齐王去向，你还回来干什么？”在此，王母一面向儿子表达做母亲的盼望儿女归来的殷切心情，一面又激励儿子忠于职守，讨贼立功。王孙贾没有辜负母亲的期望，他最终“入市中……市人从者四百人，与之诛淖齿，刺而杀之”①。这个故事告诉我们，为人要忠厚仗义，做事要忠诚尽责；作为父母，教育孩子最重要的是培育其德行，引导孩子所思所为要合乎道义，对他人和社会要有所担当，做一个对国家、对社会、对他人有用的人。作为国家的管理者、各行各业的建设者，要崇尚忠诚厚道的品质，追求正确的价值目标，通过自己的努力为社会贡献力量。

二、 崇学： 读书继世

（一）勉励孩子勤学

《增广贤文》有言：“有田不耕仓廪虚，有书不读子孙愚。”所谓“读书继世长”，即是说要认真读书，学习前人的优秀品质，这样家族才可以长久地发展下去。重视读书学习是古代备受推崇的家风建设方法，家长在家教中的一个重要任务就是勉励孩子勤学。《颜氏家训·勉学》中讲道：

> 人生在世，会当有业：农民则计量耕稼，商贾则讨论货贿，工巧则致精器用，伎艺则沉思法术，武夫则惯习弓马，文士则讲议经书。

---

① 《战国策·齐策》。

人生在世应该有自己谋生的职业，有一技之长，这就需要认真而勤奋地学习。农民之所以善于种庄稼，是因为常常探索耕稼；商人之所以经商在行，是因为常常讨论货财；工匠之所以成为巧手，是因为长期投身器物制作。从事技艺的人则钻研方法技术，武夫则练习骑马射箭，文士则研究议论经书。如此长期钻研，才会行行出状元。颜之推深刻阐明了学习在个人发展中的作用："夫所以读书学问，本欲开心明目，利于行耳。……历兹以往，百行皆然。纵不能淳，去泰去甚。学之所知，施无不达。"[①]人之所以要读书做学问，根本目的在于开发心智，打开眼界，以便更好地为人处世。由此推及开来，各种德行都能依照这种办法来培养。学习就算不能改变人的秉性，至少也能避免极端行为，改善人的性格。总而言之，通过学习掌握知识和技能，对人的成长总是有帮助的。

勤学应该有动力做支撑，即学以致用。颜之推认为，很多人读书，"但能言之，不能行之，忠孝无闻，仁义不足"[②]，不能学以致用。为了从根本上避免这种情况，颜之推认为，家族成员应该向广大劳动人民学习，更好地进行社会实践，以成为经世治国的人才。

（二）教孩子学会学习

在劝诫子弟勤勉学习的同时，让孩子学会读书、学会学习，也是家庭教育的重要任务。孔子主张，学习要时常复习，做到知行合一，温故知新；还要学思并重，因为"学而不思则罔，思而

① 《颜氏家训·勉学》。
② 《颜氏家训·勉学》。

不学则殆”[①]。荀子认为，学习需要日积月累，“不积跬步，无以至千里；不积小流，无以成江海”[②]，只有运用科学的学习方法，循序渐进，才能掌握广博的知识。

良好的学习态度，是学习进步的基本前提。孔子认为学习来不得半点虚假，他提倡学习要实事求是，做到“知之为知之，不知为不知”[③]。他认为：“君子病无能焉，不病人之不己知也”[④]，即有素质有修养的人，只会为自己没有能力而感到忧心，而不会为别人不了解自己而担心。所以孔子要求弟子做到“学而不厌，诲人不倦”[⑤]。先秦儒家大都是教育家，虽然他们直接阐述家教的言论不是很多，但他们提出的修身劝学等教育主张与家教紧密联系，而且为后世家教积累了非常宝贵的经验。

三、 崇孝： 孝善吉庆

孝体现着血缘亲情，表达了子女对父母的爱。孝不仅有利于家庭的和谐，也有利于国家的稳定；不但对中国古代社会和民众产生了广泛的影响，而且对造就现代和谐生活意义深远。在中华民族的历史长河中，中国人一直都是以孝著称于世。儒家认为，孝是道德的根本和教育的源头，是爱心的原点，也是一切善行的根本。

孝亲。在家庭中要教育子女遵守传统的孝道。百善孝为先，

---

① 《论语·为政》。
② 《荀子·劝学》。
③ 《论语·为政》。
④ 《论语·卫灵公》。
⑤ 《论语·述而》。

《周易》中明确提出了孝敬思想。《周易·离卦》九四爻辞：“突如其来如，焚如，死如，弃如”，高亨解释“突”为“逐出不孝子也”。《孝经·庶人》把赡养父母作为庶人应尽的义务，指出“用天之道，分地之利，谨身节用，以养父母，此庶人之孝也”。

孝养。在物质生活上赡养父母，照料双亲，这是孝最基本的要求。曾子对父母的衣食起居照顾得细心而周到，书载：“曾子孝于父母，昏定晨省，调寒温，适轻重，勉之于糜粥之间，行之于衽席之上，而德美重于后世。”[①] “曾子养曾皙，必有酒肉；将彻，必请所与；问有余，必曰：‘有。’”[②] 曾子早晚都问候父母，照顾冷暖饮食等无微不至，在他看来，这是子女每日应行的礼节。曾子为双亲提供了良好的物质生活条件，认为这样方为养亲之道。每逢吃饭的时候，一定让父亲有酒有肉；将要收去的时候，一定问过父亲，余下的酒肉怎么处理；如果父亲问是否还有剩余，曾子一定回答“有”，以让父亲安心食用。曾子在孝顺父母方面为后人树立了很好的榜样。

敬亲。孔子认为，对于父母不但要“孝养”，还要做到“敬亲”，使父母在精神上得到尊重。敬亲是在孝养基础上的一种更高的情感境界。子游问孝，孔子回答说：“今之孝者，是谓能养，至于犬马，皆能有养。不敬，何以别乎?”[③] 人和动物都懂得奉养，但其区别在于人懂得“敬亲”，如果对父母没有精神上的尊重，那么同饲养牲畜又有什么区别？孔子把孝与敬联系在一起，

① 《新语·慎微》。
② 《孟子·离娄上》。
③ 《论语·为政》。

深刻揭示了孝道的精神本质在于“敬”的道理。

孝善。把孝推己及人，谓之孝善。所谓“老吾老，以及人之老；幼吾幼，以及人之幼”[①]，孝善是孝亲、敬亲的升华，是站在社会的视角看待家庭时所应该有的一种整体观点。家庭教育中如果缺少了孝善，那么教给子女的孝便是狭隘的，子女的胸怀格局就会深受小家的局限。“积善之家，必有余庆”[②]，家道欲兴，必行善道。家庭中只有充满孝善，才能尊老爱幼，父慈子孝，母良妻贤，充满温暖；只有广施善举，才能推己及人，热爱乡邻，行善致远，代代相传。

四、崇廉：勤俭廉洁

（一）勤俭持家

勤俭持家是中国人的古训。勤俭两字为治生之道，而懒惰与奢侈则是一切罪恶的根源。无论是在古代还是在今天，风气良好的家庭都要教育子女恪守勤劳，躬行节俭。

鲁国大夫公父文伯的母亲敬姜，不仅自己做到了勤俭持家，而且还教育儿子要力行勤勉。一日，公父文伯退朝回家，看到母亲正在搓麻织布，很不高兴，他认为以自己家庭的社会地位，母亲就不该亲自劳作了，否则让外人看到会以为自己不孝。而敬姜则认为，从社会风尚看来，百姓勤劳就会有所节制，由此就会产

① 《孟子·梁惠王上》。
② 《周易·坤卦》。

生善良之心；安逸就会缺乏节制，抛弃善心，萌生邪恶之心。“朝夕处事，犹恐忘先人之业，况有怠惰，其何以避辟！吾冀而朝夕修我曰：‘必无废先人。’”[①] 敬姜以自身说事，教育儿子要勤勉于事，忠于职守，莫生怠惰之心，以至废弃了先人的事业。

时代在发展，勤俭持家也应被赋予新的时代内涵。儿时父母“勤俭持家”“俭以养德”的谆谆教诲，今天还在耳边回响。在过去，勤俭持家往往意味着以勤劳节约、省吃俭用的精神对待生活。而在今天，勤已不光是指勤劳，还应该包含勤学、勤思、勤创新；俭也不光是指节约，还应该包括行事的俭朴、生活的简约、效益的最大化等。

（二）廉洁为民

何谓廉洁？“廉”就是不贪，“洁”就是没有污点。不受曰廉，不污曰洁；廉洁者，不贪不占，心地坦然，办事踏实，磊落坦荡。先秦家教要求个人节制自己的傲气和欲望，以清正廉洁来节制贪欲。

战国时，齐国官员田稷接受下属送的礼物，并交给了母亲。母亲问他礼从何来，田稷如实相告。田稷的母亲深感问题严重，批评儿子说：“不义之财，非吾财也。”[②] 田稷羞愧而出，遂将礼物退回。齐王听说这件事后，特意对田母进行了表彰嘉奖。在这件事中，田母抓住儿子田稷受金之事，适时严肃批评，指出儿子行为不符合“非义之念，不萌于心；非礼之利，不入于家”的古

① 《国语·鲁语下》。
② 《列女传·齐田稷母传》。

训原则；同时又心平气和地同儿子讲清做官就必须清廉的道理，以激励其清廉之志。后来，田稷终成齐国贤相。

除田稷外，在齐鲁大地上还有着诸多秉承廉洁家风的例子。如清朝时期山东新城县（今淄博桓台）人王士禛，他身为高官，不仅平易近人，而且在生活上崇尚节俭，粗茶淡饭，布衣粗履，对子女后代管教严格。其三子王启汸被任命为唐山县令后，他专门写《手镜》五十条戒律，叮嘱王启汸做官重在清正廉洁，要牢记为民办事的宗旨。反观现今，一些干部不仅自己不能清廉为官，而且明知道家人打着自己旗号行违法乱纪之事也不予规劝和制止，造成恶劣影响。由此可见，廉洁齐家仍有必要作为从政者的日常功课加以重视。

（三）自觉修身

所谓修身，就是在日常生活中择善而从，全面提高自己的素质。正所谓修身才能治国，从政者只有提高自身修养，以身示范，才能感召大家去治理国家、建设社会。其实对普通大众而言，道理也是一样的——修身才能齐家。“身不行道，不行于妻子；使人不以道，不能行于妻子”①，自己不自觉践行道，道在妻子儿女身上也实行不了；不按道去指挥人，那就连妻子儿女也指挥不了。现今，不注意修养身心的人在家、在单位甚至在公共场所都越来越不受欢迎。

如何修身？儒家构建了一整套修身方法，在此只强调其中两点。一要为仁由己。儒家在修身问题上强调主体的自觉能动性，

① 《孟子·尽心下》。

把人的主观努力看作是人格完善的基本途径。孔子说："为仁由己，而由人乎哉?"[①] 即一个人要成为至善至美的人，前提是必须有毅力去进行自我修养，而不是依赖别人。孟子比孔子更明确强调人的自觉能动性，他认为"人皆可以为尧舜"[②]。孔孟以后的儒家学者也都十分看重修身主体的自觉能动性，强调通过个人的意志和努力求得人格的完善。二是反省内求。"反省内求"就是把"反省"和"内求"结合起来。一方面，通过反思自己的德行及时发现问题，找到克服问题、完善人格的途径和方法；另一方面，以领悟到的道理为指导，回归自身，查找不足，确认明德，以发扬光大。如曾子强调"吾日三省吾身"，即是说要时常保持反躬自省的谦虚态度，端正自己的思想信念，不断改进自我，以提高自己的德性和整体素养。

强调"为仁由己"和"反省内求"，旨在倡导一种修养上的自觉精神。只有自觉加强自身修养，才能积极搞好家庭建设。无论是在传统社会还是在当代中国，家始终是人们心灵的港湾，而重视家庭建设则是中华民族自古以来的传统。作为"修身"与"平天下"的枢纽，家庭建设首在整齐家风，要在修身立德。整齐家风，不仅要求家族成员遵守家训礼仪等各种规范，而且要求家长首先树立起道德榜样，并通过自身示范来带动家人共同行动，以使家庭乃至家族获得持久的和谐。

---

① 《论语·颜渊》。
② 《孟子·告子下》。

参考文献

[1] 杨伯峻:《论语译注》,北京:中华书局,1980 年版。

[2] 杨伯峻:《春秋左传注》,北京:中华书局,1981 年版。

[3] 司马迁:《史记》,北京:中华书局,1982 年版。

[4] 张岱年:《中国伦理思想研究》,上海:上海人民出版社,1985 年版。

[5] 焦循:《孟子正义》,北京:中华书局,1987 年版。

[6] 颜之推撰,易孟醇译:《颜氏家训》,长沙:岳麓书社,1999 年版。

[7] 唐凯麟、张怀承:《成人与成圣——儒家伦理道德精粹》,长沙:

湖南大学出版社,1999 年版。
[8] 杨朝明:《鲁文化史》,济南:齐鲁书社,2001 年版。
[9] 詹世友:《道德教化与经济技术时代》,南昌:江西人民出版社,2002 年版。
[10] 杨天宇:《礼记译注》,上海:上海古籍出版社,2004 年版。
[11] 卢守助:《晏子春秋译注》,上海:上海古籍出版社,2006 年版。
[12] 彭林:《中国传统礼仪概要》,北京:高等教育出版社,2006 年版。
[13] 黄寿祺、张善文:《周易译注》,上海:上海古籍出版社,2007 年版。
[14] 梁树发:《社会与社会建设》,北京:人民出版社,2007 年版。
[15] 谭家健、孙中原:《墨子今注今译》,北京:商务印书馆,2009 年版。
[16] 王志民:《山东重要历史人物》,济南:山东人民出版社,2009 年版。
[17] 聂立清:《我国当代主流意识形态认同研究》,北京:人民出版社,2010 年版。
[18] 方勇、李波译注:《荀子》,北京:中华书局,2011 年版。
[19] 朱熹:《四书章句集注》,北京:中华书局,2011 年版。
[20] 冯友兰:《中国哲学史》,上海:华东师范大学出版社,2011 年版。
[21] 陈宝良:《中国的社与会》,北京:中国人民大学出版社,2011 年版。
[22] 彭继红:《中国共产党意识形态工作研究》,长沙:湖南大学出

版社,2011 年版。

[23] 钱穆:《国史新论》,北京:九州出版社,2012 年版。

[24] 王世舜、王翠叶译注:《尚书》,北京:中华书局,2012 年版。

[25] 杨庆黎:《民俗文化审美探究》,北京:中央民族大学出版社,2013 年版。

[26] 王志民主编:《山东文化世家研究书系(二十八种)》,北京:中华书局,2013 年版。

[27]《习近平谈治国理政》,北京:外文出版社,2014 年版。

[28] 房玄龄注,刘绩增注:《管子》,上海:上海古籍出版社,2015 年版。

[29] 任者春、郭玉锋:《社会主义核心价值观践行轮:以齐鲁文化为视域》,济南:山东人民出版社,2015 年版。

[30]《习近平总书记系列重要讲话读本》,北京:学习出版社,2016 年版。

后记

在“五位一体”社会主义事业总体布局中，社会建设与百姓生活息息相关，方方面面关乎百姓福祉。我们党的一切工作的出发点、落脚点都是让人民过上好日子。总结齐鲁文化中的社会建设智慧，以服务于当代中国的社会建设，是一件时代意义很强的工作。

本书借鉴和引用了大量中国典籍和当代学者的研究成果。研究生张琪、刘琪琪、肖苑做了大量资料搜集整理工作，对引文进行了认真核对，责任编辑李楠和廖吉广付出了辛勤的劳动，在此一并致谢。

由于中国社会理想和社会建设的课题涉及面广,特别是受作者的水平所限,书中肯定存在不少缺点和不足,期望专家、读者批评指正。

作　者

2017 年 9 月